中青年经济与管理学者文库

本书受到中国人民大学“中央高校建设世界一流大学（学科）和特色发展引导专项资金”（KYGJD2023001）资助。

国有风险投资促进实体经济高质量发展研究

徐星美 著

中国财经出版传媒集团
中国财政经济出版社
北京

图书在版编目（CIP）数据

国有风险投资促进实体经济高质量发展研究 / 徐星美著. -- 北京：中国财政经济出版社，2024.5
（中青年经济与管理学者文库）
ISBN 978-7-5223-3166-9

Ⅰ.①国… Ⅱ.①徐… Ⅲ.①国有企业-风险投资-影响-中国经济-经济发展-研究 Ⅳ.①F124

中国国家版本馆 CIP 数据核字（2024）第 096589 号

责任编辑：高文欣　　责任印制：史大鹏
封面设计：智点创意　　责任校对：张　凡

国有风险投资促进实体经济高质量发展研究
GUOYOU FENGXIAN TOUZI CUJIN SHITI JINGJI GAOZHILIANG FAZHAN YANJIU

中国财政经济出版社 出版
URL：http：//www.cfeph.cn
E-mail：cfeph@cfeph.cn

社址：北京市海淀区阜成路甲 28 号　邮政编码：100142
营销中心电话：010-88191522
天猫网店：中国财政经济出版社旗舰店
网址：https：//zgczjjcbs.tmall.com
中煤（北京）印务有限公司印刷　各地新华书店经销
成品尺寸：170mm×240mm　16 开　13 印张　190 000 字
2024 年 5 月第 1 版　2024 年 5 月北京第 1 次印刷
定价：60.00 元
ISBN 978-7-5223-3166-9
（图书出现印装问题，本社负责调换，电话：010-88190548）
本社质量投诉电话：010-88190744
打击盗版举报热线：010-88191661　QQ：2242791300

策划人语

题记：一个人的精神成长史，取决于他的阅读史。只有阅读能最有效地培养精神生活习惯，而好的习惯又培养性格，性格决定人生。

——我们自豪，因为我们就是创造这精神产品的人。

选择了飞翔，总能看到蓝天；选择了远航，总能感受大海。人生不仅要作出选择，也要坚持住自己的选择。学会计、当编辑是我的意外选择。人说编辑是为人作嫁，可是这一选择我坚持了30年，苦在其中，乐在其中，也算是有声有色。每当我把一本本好书呈献给人们的时候，我觉得我是“富贵”的人：富，不是你身上的钱财，而是你心里的满足；贵，不是你地位的显赫，而是你被人需要的程度。

书海探寻，情怀永恒

我要说，做编辑我幸运，因为我不仅是第一个读者，可以对作品“品头论足”，也可以对作品“生杀予夺”；更重要的是，这是一个有很高层次的平台，在多年与名家的交往和名著的“对话”中，深深地为他们的人格和才学所感动，被作品的精彩所吸引，这不仅使我“下笔如有神”，更使我的思想和灵魂也受到一次次洗礼和震撼，得到一次次升华。对于我的作者我的书，如数家珍，作者中不乏才学和为人同样过人的多位泰斗和“颜值高责任大”的众多才子佳人；策划的作品不仅立足专业还兼顾人文，也是情怀所在，专业加人文路才会更宽更远。

多年的体会是，作为一名编辑，起码要“三心二意”，即“责任心、细心、耐心”和“服务意识、创新意识”。要多策划一些拳头产品，用一个选题推动一个系统工程，用一个系统工程培养一个出版社品牌。给新入职编辑讲座时我做过一个比喻：编辑两项基本功，审稿——甚至要比博导审批学生论文还要全面、细致；选题策划——要像电影导演一样做“星探”，善于发现优秀作者和挖掘好的原创作品。记不清30年来我策划和编辑了多少书，组织和策划了大批教材、业务培训用书、通俗读物、理论专著等，有的获得过国家、省部级各类奖项，有的以其填补空白、社会热点、风格新颖、开拓尝试等特点受到读者的欢迎。正是：

一入书门情似海，
探寻经典职责在。
苦辣酸甜何其乐，
编辑人生也精彩。

想是问题，做是答案

众所周知，目前的图书出版业在行业竞争和纸质图书受到严重冲击的情况下，出版人无不感到莫大的危机。在这种背景下，我们还要积极应对，完善纸质图书的固有特质，拓宽纸媒的功能，挖掘出版内容和形式都精彩的原创作品，适应新形势下读者的更高需求。2017年至今，在新的时代环境下不断出新，我又策划了多套系列丛书和单本图书，不乏名家著作、教材、学术专著和实务丛书等，继续为扶持学术研究和总结实践最新成果，在高端研究与专业知识普及和应用之间搭建一座座有益的桥梁。

每一个时代的经济环境不同，理论研究和实务探索所需要解决的问题也有所差别。当前我国处于新的历史时期，市场环境和组织模式不断演变发展、推陈出新，经济、管理、财税等领域的新理论、新思想、新方法、新工具也层出不穷。乱花渐欲迷人眼，击水三千浪几何？这些领域的研究人员被时代赋予了更艰巨的责任，也面临着更高、更多元的要求，我们不仅要具备更广阔的学术视野，而且要有更严谨的学术思维。

输在犹豫，赢在行动

《中青年经济与管理学者文库》的作者，都是我国经济与管理领域的中坚力量，也是未来的大家。他们中有些人潜心从事理论研究，有些人则深耕在实务一线，但无论现实身份如何，视野全都没有被拘泥在“象牙塔”内。他们从不同视角对市场经济的不同要素进行细致审视，然后汇聚于“财经版”这面旗帜之下，相互碰撞，彼此激荡，力求在市场经济转型升级的关键时期留下最新鲜的“中国印记”。

这些经济与管理领域的中青年学者，就是我国市场经济发展的潜力与优势，他们的研究成果，不仅将引领市场经济的各个组成环节向更科学、更先进的方向发展，而且将成为我国政府和企业在未来经济世界扮演更重要角色的支点与动力。祝愿这些中青年学者能攀上更高的学术之山，走向更远的研究之路，也期待宏观、中观、微观各个层面的市场参与者都能从这套文库中得到切实的启发与指引，在全面深化改革、增强发展活力的关键时期，发挥正能量和积极作用，为经济社会发展增添新的动力！——这也是我策划此套丛书的初衷。

作始也简，毕也必巨

2021 年，是一个非凡之年，纵观世界风云，抗击疫情“风景这边独好”，“十四五”规划开局，我们喜迎建党百年。“其作始也简，其将毕也必巨。”从“开天辟地”“改天换地”到“翻天覆地”“惊天动地”，我们党经历了四个历史时期——救国大业、兴国大业、富国大业、强国大业，四件大事铸就了中国共产党百年辉煌。我们不禁感叹——风雨百年创辉煌，“天地”之间“有杆秤”。

2021 年，还是一个纪念之年，出版社成立 65 周年和我从事编辑工作 30 周年。65 年来，财经出版社始终坚持正确的舆论导向和鲜明的出版特色，努力为经济建设和财政工作服务，致力于为读者奉献经典作品，在中国财经出版传媒集团旗下发挥着更大的作用，取得更大的成就。作为一个有着 20 多年党龄的党员，我是生在新中国长在红旗下的幸运的一代，怀着对党无限的热爱和感恩，浓情做事、淡泊做人，用 30 年的情怀和坚守见证了出版业的转型，践行了编辑的天职，向党递交一份努力的答卷。

2017 年策划出版《中青年经济与管理学者文库》至今已五年，得到了众多中青年学者的热烈响应与大力支持，文库诞生至今已囊括专著 60 余种，为中青年学者们提供了展示学术研究成果的平台，作者队伍不断壮大，作品陆续出版。如果您认可，如果您有意愿，欢迎您和您的朋友加盟我们的作者队伍！在中国财经出版传媒集团的“旗舰”下，中国财政经济出版社这“老字号”，一定励精图治，谱写新的篇章。敬请关注“龙媒玉制新书坊”微信公众号，我们用“龙的精神，玉的品质”来助力您实现梦想！

策划人：樊清玉

邮箱：qingyuf@ sina. com

2021 年 12 月 31 日

前言

打造强大的国有风险投资机构是建设金融强国、走好中国特色金融发展之路的重要抓手。习近平总书记在中央金融工作会议和省部级主要领导干部推动金融高质量发展专题研讨班开班式上明确了加快建设金融强国的“六个强大”关键核心要素和构建中国特色现代金融体系的“六大体系”。国有风险投资是国家参与出资设立的从事风险投资（包括创业投资和私募股权投资等）的专业投资机构，作为一级市场的重要参与者，国有风险投资机构为创业企业解决融资难题、培育科技创新，为我国一级市场的发展壮大以及相关制度的建立健全，为促进我国多层次资本市场有序健康发展作出了重要贡献。作为中国特色金融体系的重要一环，国有风险投资既要做到“六个强大”中的“强大的金融机构”，又要积极参与构建“六大体系”中的“分工协作的金融机构体系”和“多样化专业性的金融产品和服务体系”。

本书根据大量来自业界的翔实数据和开展的实证研究证据，对国有风险投资如何服务实体经济高质量发展进行了较为系统的研究。第 1 章回顾了风险投资的发展历程，对风险投资的概念进行界定，并阐述了风险投资的特征；总结了风险投资的理论基础和主要功能并回顾了全球风险投资发展的历史，归纳了主要发达国家风险投资发展的现状和我国风险投资发展的实际情况。第 2 章在回顾全球宏观经济和风险投资市场总体情况的基础上，重点介绍中国私募股权投资市场发展的总体情况，并对投资热点领域和中国风险投资市场总体发展趋势进行了分析。第 3 章提供了风险投资推动微观主体发展的经验依据，主要聚焦风险投资对企业绩效、创新和风险的客观影响和作用机制。文献和实证证据均表明，风险投资是推动经济发展和企业创新的重要因素。第4章分析了国有风险投资这一在中国情境下形成的具有中国特色的风险投资方式，具体分析了国有风险投资的主要特征、发展历程，并归纳了发达国家国有风险投资发展的主要模式和先进经验。国有风险投资的不同特征影响了其服务实体经济高质量发展的效能。第5章重点聚焦国有风险投资的出资结构、投资方式和管理模式，并对深创投、江苏高投和国投高新等典型案例和典型城市合肥开展案例分析，并指出其中存在的一定程度的“投不准”“撬不动”“管不好”“退不出”等现实瓶颈。第6章以国有风险投资机构苏州元禾控股股份有限公司为例，分析了其在成立市场化基金和管理、设立母基金、聚焦细分赛道和垂直领域进行投资的相关经验。第7章分析了国有风险资本发挥经济效应的关键机制，主要包括积极参与“投早投小投科技”，弥补风险投资市场失灵的“修正效应”；吸引社会资本参与，发挥杠杆作用的“激励效应”；参与设立明星企业孵化器的“声誉效应”；致力于创业企业全生命周期管理服务的“守护效应”；调动党政企各方面资源，引领产业集群式发展的“联动效应”。通过五种效应的协同作用，国有风险投资为服务创新发展战略、促进战略性新兴产业发展进而推动经济高质量发展提供强大动力。第8章总结归纳了金融强国建设对国有风险投资提出的新使命，以及在此背景下国有风投的发展新动向，并为国有风险投资如何促进实体经济高质量发展提出了针对性意见建议。

高质量发展是全面建设社会主义现代化国家的首要任务，金融要为经济社会发展提供高质量服务。国有风险投资作为我国建设金融强国的重要组成部分，应当也必将在促进我国产业结构升级、加快资源优化配置、实现高水平科技自立自强方面发挥更加重要的作用。

目录

第1章 风险投资的主要功能和发展历程

习近平总书记在 2023 年 10 月的中央金融工作会议上指出："高质量发展是全面建设社会主义现代化国家的首要任务，金融要为经济社会发展提供高质量服务"。高质量发展是能够满足人民日益增长的美好生活需要的发展，是体现新发展理念的发展，是创新成为第一动力、协调成为内生特点、绿色成为普遍形态、开放成为必由之路、共享成为根本目的的发展。高质量发展的新动能主要指以新技术、新产业、新产品、新业态、新模式为核心，以知识、技术、信息、数据等新的高级生产要素为支撑，是新质生产力的整体呈现。其中，创新在新发展理念中排在首位，是推动经济高质量发展的第一动力，实现经济高质量发展，首先要推动科技创新。

风险投资在促进科技创新、推动高质量发展中具有重要作用。风险投资的英文"Venture Capital"意味着为了创新而承担风险的资本，创新活动所具有的高风险、高不确定性、长周期、高回报等特征与风险投资"高风险—高回报"的投入产出模式具有高度契合性，由此，风险投资对于科技创新的金融支撑功能实属必要。本章主要就风险投资的理论基础、主要功能和发展历程展开分析。

1.1　风险投资的概念

1.1.1　风险投资的概念界定

风险投资（Venture Capital）一词由美国金融巨头约翰·惠特尼创造。

他在第二次世界大战后建立了一个1000万美元的基金，专门投资高风险的项目。他的合作伙伴本诺·施密特在一次午餐会上建议他用“风险投资”这个词，因为它能够体现出风险和冒险的气氛，惠特尼立刻接受了这个建议。这个“私人投资公司”在当时的美国金融界并没有引起太大的关注。风险投资的概念其实早在15世纪的大航海时代就已经出现，当时的资本家为了寻找新的殖民地和商业机会纷纷进行海上探险。1946年，美国哈佛大学商学院教授乔治·多瑞尔特与几名合作伙伴一起，创立了世界上第一家专业风险投资公司——美国研究和发展公司（American Research and Development Corporation，简称ARD）。这家公司是第一个有组织的、真正意义上的风险投资机构，它向新兴的和快速成长的中小企业提供风险资本，主要关注制造业和高科技领域。

目前，学界和业界对风险投资的范围和具体含义尚未形成统一标准，此处列举一些有代表性的观点。根据欧洲风险投资协会的定义，风险投资是一种投资行为，它由专业的投资公司向未上市的、有巨大潜力的成长型、扩张型或重组型的企业提供资金和管理支持。根据美国风险投资协会的定义，风险投资是一种权益投资，它由职业金融家向有强大竞争力的新兴的、快速发展的企业投入资金。根据德意志联邦银行的定义，风险投资是一种股权投资，它涉及年轻的、未上市的、技术创新的中小企业，这些企业虽然当前利润不高，但有很大的增长空间。

风险投资公司除了提供股权资本外，还提供管理和咨询服务。根据1999年国务院办公厅发布的《关于建立风险投资机制的若干意见》（国办发〔1999〕105号）的定义，风险投资（又称创业投资）是指向科技型的高成长性的创业企业提供股权资本，并为其提供经营管理和咨询服务，以期在被投资企业发展成熟后，通过股权转让获得中长期资本增值收益的投资行为。根据Gompers和Lerner（2001）的定义，风险投资是一种金融中介，它专门向难以获得资金的公司提供资金。这些公司一般都是小型的、新兴的公司，有形资产比例低，在不稳定的市场环境中经营，面临着较大的不确定性。风险投资为这些高风险、高回报的项目提供资金帮助，持有公司股权。根据Mike和Robbie的定义（1998），风险投资是一种投资活动，它向被投企业提供资金，换取股权或与股权相关的金融工具，是一种投资者帮助有商业技能的创业者开拓市场机会，从而获取长期资本收益的行为。风险投资的特点是股权投资，其功能还包括管理协助，其回报是最后的资本收益和股息率。上述定义的共同点是从风险投资的对象入手，强调风险资本投入企业的高成长性、高风险性、高收益性。

1.1.2 风险投资的特征

与普通投资相区别，风险投资具有以下几方面的特征：

第一，风险投资是针对高成长性、高潜力的创业企业的一种投资行为，因而具有高风险、高收益并存的特征。中小企业的创新非常需要风险投资行业的支持，只有得到资金和资源，中小企业的创新技术才能转化为产品和市场。这是因为这些企业普遍处于创业阶段或扩张阶段，以无形资产为主，没有业绩和抵押物，难以从银行贷款。风险投资正好弥补了这种资金短缺。风险资本一般采用分阶段投资、分散投资、联合投资等方法投入中小企业，目的是降低风险。风险投资培养具有良好成长性的中小企业，增强其竞争力，期望在退出时获得高收益。因此，这个阶段的投资有两个典型的特征：一是失败概率极高，大部分投资都以失败告终；二是只要投资成功，就会带来技术创新，从而获得非常可观的投资回报。这两个特征使创业风险投资既有高风险又有高收益的特点。

第二，风险投资人通常会积极地参与被投企业的经营管理。这是风险资本区别于传统银行信贷的一个重要特点。这样做的原因是，一方面，很多中小企业家虽然有技术方面的优势，但是缺少管理方面的经验，需要风险投资人帮助建立合适的管理制度。另一方面，为了降低风险，风险资本家会根据股权投资的特点，从股东视角关注企业的发展，他们会在投资前对企业进行严格的评估，投资后参与企业管理和提供增值服务。风险资本家有一定的资本运作能力和商业经验，企业家有创新能力和技术优势，两者的结合有利于企业的发展。风险资本家的能力和经验是创业风险投资机构的核心竞争优势。他们在作为创业风险资本的“投资代理人”时，还要主动地参与被投企业的经营管理。在实践中，风险资本家不仅要在投资前对企业进行选择和评估，决定是否投资，还要在投资后运用他们长期积累的知识、经验、信息、甚至声誉，来协助创业者更好地经营企业，增加企业的价值，为风险投资者实现投资回报。

第三，风险投资是一种权益投资，而不是借贷资金。企业资金有两种，一种是资本性资金，通过投资产生，另一种是债务性资金，通过借贷产生。风险投资是一种股权投资活动，企业不用提供抵押物和担保，它关注的是企业未来的高成长性。借贷资金有固定的还款期限，受还贷压力的影响，企业的创业行为容易变得短视。借贷资金还有财产约束软化的问题，创业企业容易把创业风险转移给金融机构，这与金融机构的经营原则不符。风险投资的股权投资特点可解决这些问题。风险资本作为一种特殊的权益类资本，它是在非公开市场中进行投资，关注的是被投资企业的发展潜力和资产增值，这与更注重企业短期流动性和还款能力的银行贷款等债权资本有着本质的区别。

第四，风险投资是一种期限较长的投资行为，它通过上市或股权转让来退出资本。由于高新技术企业或创新项目从概念到生产到市场推广需要很长的时间，风险投资的投资期限通常需要 5—7 年。风险投资有四个投资阶段，分别是种子期、初创期、扩张期和成熟期。它们与中小企业的生命周期相对应。在投资过程中，风险投资还会通过追加投资、联合投资等方式增加支持力度。这也显示出风险投资适合培养中小企业的特点。风险投资的目的不是企业的日常分红或经营某个具体产品，而是培养企业未来的资本增值，等到企业成熟后退出资本，获取高额的回报。风险资本退出后，会再次寻找新的企业或项目，进行下一轮投资。被投资企业大多要经过研发、市场推广等多个环节，而退出渠道又比较有限，创业风险资本是一种长期“耐心”资本。由于投资风险高和投资期较长，创业风险投资必须非常谨慎，并采取必要的措施控制风险，例如同时对不同行业的企业或同一行业的不同企业进行投资，组合多个机构对同一家企业进行投资，在企业达到阶段目标后再进行下一阶段投资等。

1.2　风险投资的理论基础和主要功能

1.2.1　风险投资的理论基础

(1) 信息不对称理论

古典经济学认为市场能够有效地调节供给和需求，从而达到资源的最优分配。但是这个理论需要一个前提，就是市场的供需双方都要掌握完全和充分的信息，而且供需双方掌握的信息应当是对称的。然而这一前提过于严格，在现实中往往是不成立的。

信息不对称是指参与主体之间的信息掌握程度不一样，一些主体比其他主体拥有更多的信息。信息不对称通常可以分为事前信息不对称和事后信息不对称两种类型。一方面，事前信息不对称导致逆向选择问题，即信息弱势的一方为了避免决策失误，会倾向于按照交易市场的均衡水平来估价标的，从而导致高质量的标的被低估而离开市场，造成劣币驱逐良币情况。另一方面，事后信息不对称引发道德风险问题，即信息强势的一方为了自己的利益，会利用对方的信息不足，作出损害对方或者整体利益的行为，来提高自己的利益。

在实践中，参与风险投资活动的各个主体在拥有的信息量以及获取信息的能力方面往往有较大差别。在风险投资运行的复杂过程中，各参与主体之间的信息不对称问题有两种特征，一种是外部的，另一种是内部的。外部信息不对称是指关于被投资企业未来的发展前景和成功的可能性，在客观上无法准确判断，因为被投资企业的发展还不成熟，未来有很多不确定的因素。内部信息不对称是指虽然风险投资机构在投资前后会对企业进行调查、关注和监督等，对企业的经营状况和重要决策有所了解和干预，但是由于信息获取和监督的成本，风投机构对企业内部的情况并不全面了解，也不可能完全参与企业的日常运营和管理。

风险投资领域事前信息不对称还体现在，得到风险投资之前，企业家为了克服融资难题，会有强烈的动机去“美化”其竞争力和发展前景，以赢得风投机构的青睐。而且，风险投资家也不可能完全了解企业家的私有信息，比如企业家的素质、经验、能力等。所以，企业家通常会故意向风险投资家透露有利于自己的信息，而隐藏不利于自己的信息。事后信息不对称体现在企业拿到风险投资的资金支持之后，风险资本也无法掌握企业的所有信息，而且双方的目标并不完全一致，可能会出现企业利用其经营权的优势来获取更多的利益从而损害投资者利益的情况。

（2）委托代理理论

委托代理理论的主要观点是，随着社会的发展进步和生产力的逐步提高，所有者由于知识、能力和经验等方面的局限，不得不委托有专业技能的代理人来代替他们行使权力，由此形成委托—代理问题。因此，需要研究如何降低代理成本，以及如何采取措施进行激励和监督控制，达到更合理的利益分配局面等。

风险投资活动过程通常涉及多个交易主体，多方之间存在着复杂的委托代理关系。首先，这种关系存在于风险资本投资者和风险投资机构之间。风险资本的投资者［有限合伙人（Limited Partner，LP）］发现风险投资机构有专业的投资和管理经验，把资金交给风险投资机构的管理人［通常由普通合伙人（General Partner，GP）担任］管理，旨在得到更高的回报。但是在这一层关系中，二者的信息掌握程度和想要达成的目标是不同的。一般来说，作为有限合伙人的一方，其目标是获得最大限度的投资回报；而作为普通合伙人的风险投资家，一定程度上存在自身收益最大化的倾向，这就会导致委托—代理问题的出现。在开始阶段，风投机构筹集资金时，投资者对风险投资家的知识、经验和能力水平难以准确评估，可能会出现逆向选择问题；在投资阶段，投资者难以全面有效地监督风投的投资行为，这样风投就可能为了自己的目标而降低风险资本的使用效率，从而产生道德风险。

其次，还有一层代理关系存在于风险投资机构和企业之间。在这一层关系中，双方的信息获取程度也不一样，风险投资家对其投资企业的项目质量、竞争力等相关信息了解不够。此时，在企业经营过程中，企业中的高管事实上就成了风险投资机构的代理人，两者间形成了公司中传统意义上的第一层委托代理关系，即企业股东与管理层之间的委托代理问题。当风险投资机构持股比例较低时，还有可能形成第二层委托代理关系，即大股东与中小股东之间的委托代理问题。

风险投资机构会采取多种措施，比如推动企业实行管理层的股权激励制度，增加高管持股比例，提升独立董事的数量，并在创业公司中寻求董事席位等。这些措施将改变他们参与公司董事会的规模和结构，从而降低面临的委托—代理问题。

（3）资源基础理论

Wernerfelt（1984）提出，资源是企业用来生产和销售产品的各种要素，包括有形要素和无形要素，而且是不断变化和多样化的。企业可以被看成是一组资源的组合，不同的资源组合决定了企业的不同能力和表现。在 Wernerfelt 研究的基础上，一些学者进一步深化和发展了上述理论。他们认为企业在发展过程中要重视提升核心竞争力，而企业的核心竞争力就来源于其拥有的不可复制的异质资源。异质资源是指企业所具有的与其他企业不同的、难以模仿的、稀缺的、有价值的资源，它们可以使企业获得持久的竞争优势。对于中小企业而言，在发展初期，其拥有的资源非常有限，包括有形资源（如资金、设备、原材料等）和无形资源（如声誉、技术、管理、人才等）。不仅如此，由于其自身在行业和市场中的地位较低，很难通过传统的融资渠道如银行贷款等解决融资难题。风险投资作为一种新型的融资工具，能够为这些初创期的中小企业提供支持，包括金融性支持和非金融性支持。金融性支持是指风险投资机构向中小企业提供股权资本，使其能够直接获得更多的资源，用于研发、生产、营销等方面。非金融性支持是指风险投资机构向中小企业提供管理、技术、市场等方面的咨询、指导、培训等服务，帮助其提高经营效率和创新能力。此外，风险投资机构还能够为中小企业带来广泛的社会网络资源，包括与其他投资机构、政府部门、行业协会、供应商、客户、合作伙伴等的联系。这些社会网络资源可以为中小企业从外部其他渠道间接获得财务、技术、管理等资源提供认证和中介作用，增加其信誉和影响力，降低其交易成本和风险。

（4）市场力量理论

根据市场力量假说，风险投资机构与市场中的各利益相关者有着紧密的关联，例如分析师、机构投资者等。风险投资机构不仅向创业企业提供资金援助，还能为其提供这些关系资源，从而增加其受到的外部关注度。在二级市场的投资交易中，风险投资机构能够为其投资的企业带来更强的市场力量，进而提高企业的市场竞争力和行业地位。风险投资机构的参与能够使企业得到有影响力的承销商和更多的投资者的支持，也能够使企业的二级市场股票交易吸引更多的机构投资者，从而增加股票的流动性；此外，还能够使企业受到更多分析师关注。同时，研究发现有风险投资机构参与的上市企业的股票涨幅明显高于没有风险投资机构参与的企业的股票涨幅，这也说明了二级市场投资者对风险投资机构的信赖和认同，风险投资机构能有效地发挥其自身的市场力量。

1.2.2 风险投资的主要功能

第一，风险投资可以更专业地帮助企业解决融资难题，它比传统的融资方式更规范和高效。传统的融资方式，无论是银行贷款还是民间借贷，都需要较高的抵押物要求。这对一些创业企业尤其是轻资产的企业，是一个很大的障碍，影响了融资效率。而且，一些民间借贷并不正规，表面看起来效率高，实际上有很多潜在的风险。如果投资项目失败了，因为纠纷处理不当还可能引发严重的社会问题。风险投资机构有专业的财务、法务等团队，对投资项目的选择、风险控制、资金运用和政策理解都有专业的能力。而且，投资机构有规范的投资流程，以股权投资为主的投资方式也有一定的决策灵活性。所以，风险投资可以在一定程度上更好地平衡规范和效率，对投资方和融资方都有好处。

第二，风险投资可以监督企业的经营活动。被投资企业能够从风险投资机构的监督中受益，主要表现在风险投资机构的人员参与被投资企业的管理，无论是作为董事会等组织的一员，还是在企业的某些岗位上派驻专员，都能够及时掌握投资资金是否按照计划有针对性地使用，从而防止资金流向其他方面。而且，投资机构能够根据项目的进展情况，结合所在行业的总体发展状况，及时对项目的发展方向作出评估，利用自己的专业知识为被投资企业提供建议，帮助其有效地调整经营策略，使企业能够在符合法律法规的前提下，有序高效地运作。同时，监督的存在也能给被投资企业的管理者带来一定的压力，促使其更加努力地工作。这样一来，投资机构不仅能够帮助被投资企业解决资金等方面的问题，也能够为投资资金的安全性和未来的回报提供一定的保证。

第三，风险投资能够提供企业需要的网络资源。风险投资机构能够协助企业与其他有能力的企业或专业机构合作，从而为企业提供方便和优质的网络资源，主要涵盖市场信息网络、企业关系网络、人力资源网络等。在投资机构的帮助下，这些网络资源能够推动企业健康发展。风险投资机构的一个独特优势是能够基于行业特点接触更多的企业群体。创业企业自身是在某一个领域的某一个环节专注深入，对其所处的细分领域有一定的认识，风险投资机构则更可能接触该领域的整个产业链。从这个角度看，风险投资机构是通过网络化的视角去看待一个企业，风险投资机构能够凭借过往经验和积累的项目资源，为被投资企业寻找行业网络资源，连接上下游。这样不仅能够解决资金问题，还能帮助被投资企业寻找合作伙伴以增加竞争能力，这对企业和投资方而言都是有利的。

1.3　风险投资的发展历程

1.3.1　全球风险投资发展的历史

第二次世界大战后现代风险投资才真正兴起，美国研究和发展公司

（ARD）和 J. H. 惠特尼公司（J. H. Whitney Company）是美国早期最具代表性的风险投资公司。他们都认为只有让企业家得到资金支持，才能保持私人经济的活力。ARD 的创新之处在于它是第一家非富豪家族出资的风险投资公司。它著名的投资案例是 1957 年对美国数字设备公司（Digital Equipment Corporation，简称 DEC）的投资，其投资额为 7 万美元，1963 年 DEC 公司上市，到 ARD 最终退出的时候，回报高达 700 倍。J. H. 惠特尼公司由风险投资家惠特尼和施密特于 1946 年创立，早期就开始投资电影和科技行业，如 Pioneer Picture 和 Technicolor。其最著名的投资是生产美汁源橙汁的佛罗里达州食品公司，后来卖给了可口可乐。

20 世纪 60 年代至 70 年代，风险投资公司主要投资创新技术的初创和成长企业，涵盖电子、医疗和数据处理等领域。当时，风险资本几乎成了技术融资的同义词。同一时期，私募基金的组织形式和薪酬结构也基本定型，即有限合伙人加普通合伙人制，以及 1%—2% 的管理费和 20% 的利润分成，这样的组织形式和薪酬结构沿用至今。风险投资行业的辉煌促成了众多风险投资公司的涌现。70 年代至 80 年代，风险投资公司从数十家激增到 700 多家，但管理的资金只增长了 11% 。市场竞争导致利润率下滑，一些风险投资公司首次出现亏损。

整个 20 世纪 80 年代，风险投资业几乎停滞，80 年代中期，美日韩等国的证券市场低迷，迫使一些投资项目纷纷退出。在这种情况下，许多制造业企业关闭了内部风险投资部门，一些大型风险投资机构也转向杠杆收购和后期投资项目。1983—1994 年融资额只从 30 亿美元增加到 40 亿美元。沃顿商学院教授 Andrew Metrick 称这 12 年为现代风险投资爆发的“前夜”。1995 年后，随着网络科技的兴起，风险投资业迎来了爆发期，融资额和投资额大幅增长，这股热潮持续到 2000 年网络科技泡沫破灭。盛宴过后是漫长的修复期。2000 年 3 月纳斯达克证券市场崩盘，科技行业的股票价格巨幅下降。初创期科技企业的估值回归严重影响了风险投资行业。在之后的两年内，大量风险投资企业不得不对它们的投资头寸进行大规模冲销。许多基金出现严重亏损，投资项目市场价值远远低于其账面价值。投资者也开始纷纷撤离风投市场，整个风险投资行业投资能力急剧下降。

截至 2003 年，风险投资行业的投资额仅为 270 亿美元，融资额也不足 200 亿美元（见表 1－1）。此后行业逐渐修复，但直至 2006 年总体规模仍仅相当于 2000 年的 62.48%。从 2023 年数据看，投资额升至 2850 亿美元，融资额也超过了 1000 亿美元。

表 1－1　　2002—2023 年全球风险投资的投资额和融资额一览

时间	2002 年	2003 年	2004 年	2005 年	2023 年
投资额（亿美元）	286	270	290	309	2850
融资额（亿美元）	158.69	187.21	340.65	390.51	1440

数据来源：《中国风险投资年鉴 2007》和 Crunchbase 数据，其中 2023 年的融资额为截至 2023 年度半年末。

1.3.2　美国、欧洲、日本风险投资发展的历史

美国的风险投资业是发展最早的也是最为成熟的，其发展过程可以被归纳为几个阶段：

第一阶段：启蒙阶段，20 世纪 40 年代至 60 年代末。1946 年，美国研究和发展公司（ARD）成立，开创了风险投资业。但 50 年代，美国的风险投资业还未形成固定的组织形式和行业规模，只有少数的投资项目，对经济影响不大。1958 年，美国通过小企业投资法，支持小企业投资公司（Small Business Investment Corporation，简称 SBIC）发展。它受美国小企业管理局（Small Business Administration，简称 SBA）管辖，可享受政府的低息贷款和税收优惠。这项政策一度促进了 SBIC 的发展。1963 年，美国有 692 家 SBIC，筹集了 4.64 亿美元的资本。但 SBIC 是政府支持的，较难形成市场化投资机制，60 年代后期，SBIC 的数量和规模都下降了。到 1977 年，SBIC 只剩 276 家。

第二阶段：停滞阶段，20 世纪 70 年代初至 80 年代初。这一阶段，美国的风险投资业陷入低迷。主要原因有：（1）经济萧条。越南战争和“滞胀”使美国经济跌入谷底。（2）税收不利。1969 年，美国国会将长期投资的资本收益税从 29% 提高到 49%，导致风险资本额从 1969 年的 1.71 亿

美元骤降，同时，雇员的股票期权收益也要交税，而不是等出售股票时再交。(3) 金融市场低迷。70 年代中期，IPO 市场几乎消失，经济萧条也减少了公司的并购活动。

第三阶段：发展与挫折阶段，20 世纪 80 年代至 90 年代。美国的风险投资业经历了起伏。80 年代中前期，风险投资业迅速发展，1987 年新筹风险资本达到 41.84 亿美元。这主要得益于：(1) 税收优惠。1978 年，国会将资本收益税从 49% 下降到 28%。1982 年又降到 20%，风险资本额增加了 18.2 亿美元。1981 年国会通过股票期权法，允许股票期权实现时不交税，出售股票时再交税。(2) 养老基金的支持。1979 年，劳工部修改了雇员退休收入保障法案（The Employee Retirement Income Security Act，简称 ERISA)，允许养老基金在保证投资组合安全的前提下，投资小型或新兴企业。养老基金逐渐成为风险资本的重要来源。1976—1978 年，养老基金的投入风险资本的金额平均每年不到 500 万美元，但 1979 年前 6 个月就投入了 5000 万美元。(3) 普通合伙人的激励。1980 年，国会解决了普通合伙人作为投资顾问的登记问题。不再要求风险投资基金的管理人按投资顾问法登记，使普通合伙人能获得与业绩相关的酬金。1987 年全球股灾使 IPO 市场低迷，风险投资额减少，1991 年风险资本新增筹资额只有 12.71 亿美元。

第四阶段：大发展阶段，20 世纪 90 年代至今。风险投资业快速发展，主因是纳斯达克证券市场的蓬勃发展为项目退出提供了更多的机会，也为并购基金提供了更多的标的。1996—1998 年，风险投资新增筹资额从 66.01 亿美元猛增到 240.1 亿美元，增长了 264%。

美国在风险投资行业享有开创性地位，欧洲的步伐则紧随其后。美国风险投资市场成熟时，欧洲风险投资才刚起步。20 世纪 70 年代后期，英国和爱尔兰是欧洲最早吸引风险资本的国家。欧洲的早期风险投资基金多由美国风投公司发起。欧洲大陆的风险投资直到 80 年代初才出现，一般由本国大银行设立。当前，欧洲风险投资业的总量位居全球第二，仅次于美国。欧洲风险投资协会统计，2006 年欧洲投资额最高的三个国家分别是英国（17.8 亿欧元）、法国（8.75 亿欧元）和德国（4.28 亿欧元）。

2000 年互联网泡沫破灭后，欧洲风险投资市场和全球一样陷入低迷。但在 2005 年后，欧洲风险投资融资额大幅上升，连续三年保持高水平。2006 年融资额比 2000 年高出一倍多，增速超过了美国市场的水平。美国风险投资业在 2006 年前后也有所恢复，但到 2007 年，市场规模仍不到 2000 年的 70%。欧洲各国投融资情况不同。其中，2008 年英国融资额达到 463 亿欧元，占欧洲总额的 59%，居首位。其次是法国和瑞典，分别占 13.69% 和 8.38%。2001 年欧洲风险投资经过大跌后逐年上升，2007 年创下 738 亿欧元的新纪录。英国仍是欧洲第一，投资额为 225 亿欧元，占总额的 41.61%。法国和德国分别以 16.21% 和 13.08% 排第二和第三。

日本则采取了不同的风险投资模式，由母公司成立子公司，用子公司的自有资本、借款或投资组合的资金，对被投企业进行投资和融资。日本这一模式与 1972 年的“VC 宪章”有直接关系。日本民间组建风险投资公司的第一个障碍就是 1947 年制定的《禁止垄断法》。因为风险投资公司的资金通常源于大金融机构和大企业，容易被认为是“财阀的控股公司结构——纯金融持股公司”。所以，如何避免日本这种新型民间投资公司与《禁止垄断法》的冲突，是日本成立风险投资公司的法律难题。

美国风险投资的成功案例，日本产业结构的转型需要，新型中小企业的大量涌现，以及流动性过剩，都促使日本社会需要民间风险投资公司。为了让民间风险投资公司合法化，又要遵守禁止垄断法和中小企业政策，日本公平委员会提出了一个折中方案，也就是“VC 宪章”，用于指导风险投资公司的运作和经营。民间风险投资要受“VC 宪章”约束，才能不算“持股公司”。“VC 宪章”因此成为日本风险投资的制度起点。

“VC 宪章”具体包括两方面的内容：一是区分了大金融机构和大企业出资的风险投资公司和《禁止垄断法》定义的“持股公司”，承认了前者的合法性；二是规范了风险投资机构的行为，防止风险投资机构用资金控制中小企业。所以，“VC 宪章”给日本风险投资的三方主体——风险资金提供者、风险资金管理者和风险资金接受者，提供了治理框架，约束了风险投资机构的投资行为。

1.3.3 我国风险投资发展的进程

起步阶段。1986年，中国新技术创业投资公司在北京成立，作为我国改革开放后最早成立的风险投资机构，开启了我国风险投资的发展历程。同年，国家科学技术委员会发布了《科学技术白皮书》，首次提出了发展我国风险投资事业的战略方针。1987年，创业中心在各地纷纷建立，标志着我国风险投资进入了起步阶段。

加速阶段。1998年，在时任民建中央主席成思危的领衔下，民建中央在全国政协九届一次会议上提交了《关于尽快发展我国风险投资事业的提案》，该提案因立意高、分量重而被列为“一号提案”，中国风险投资事业由此进入了加速发展阶段。2000年，许多中国互联网企业在风险投资的支持下成功上市。2001年，中国加入世贸组织后，国际资本大量涌入国内市场，境外资本对境内项目的投资也大幅增长。

放缓阶段。全国人大常委会在2003年颁布了《中华人民共和国中小企业促进法》，提倡通过税收政策来扶持风险投资机构，从而增强其对中小企业的资金支持。但是，在此后的一段时期内，国家关于风险投资机构的税收政策出现了一些波动，这对我国的风险投资产生了一定的负面影响，使国内机构的数量和资本总额都有所减少。

恢复阶段。2004年，深圳证券交易所推出了中小企业板市场，为更多的中小企业提供了上市融资的渠道，风险投资的退出途径也比以前更加丰富，中国的风险投资事业重新焕发了活力。2007年，财政部和其他部门制定了一批涉及税收的法律法规，包括《企业所得税法》和《关于促进创业投资企业发展有关税收政策的通知》等，这些举措为风险投资的进一步壮大起到了积极的作用。借助这些税收优惠政策，国家对风险投资的实际支持得到了体现，风险投资的融资额和投资额均实现了大幅复苏。

上升阶段。自2007年下半年美国金融危机引发全球经济动荡以来，我国经济也受到了重创，风险投资市场也陷入了低迷，2009年达到了谷底。随后，国务院办公厅出台了《关于创业投资引导基金规范设立与运作的指导意见》（国办发〔2008〕116 号），该文件旨在通过建立引导基金，推动风险投资机构的发展和投资活动，激励各方资本参与创业投资，实现国家对创新型企业的扶持。2009 年，深圳证券交易所设立了创业板市场，为我国风险投资提供了更多的退出渠道，即通过创业板上市获得回报，加上金融危机后我国经济的逐步复苏，风险投资呈现出明显的增势。2019 年我国在上海证券交易所首次设立科创板市场并实施注册制发行，这为国内的风险投资退出带来了新的发展契机，风险投资行业迎来了“募投管退”顺利接续的高质量发展。

第2章 风险投资行业的新变化和发展趋势

《中华人民共和国国民经济和社会发展第十四个五年规划和二〇三五年远景目标纲要》指出要“完善技术创新市场导向机制，强化企业创新主体地位，促进各类创新要素向企业集聚，形成以企业为主体、市场为导向、产学研用深度融合的技术创新体系”。企业是科技创新和成果转化的第一主体，必须坚持创新驱动发展战略，实现高水平科技自立自强。壮大战略性新兴产业需要在全社会厚植创新土壤，随着新一轮科技革命和产业变革迅猛发展，我们必须在加强科技创新上下更大功夫，而风险投资对于科技创新起到至关重要的推动作用。风险投资行业紧跟国家战略，承担助力建设科技创新体系和产业发展的使命，由此形成了一些新变化和新趋势。

2.1 全球宏观经济形势

2.1.1 总体增速放缓，经济增长分化①

疫情前已经存在的诸如“去全球化”等趋势性力量持续发挥作用，叠加美欧高利率和央行收缩资产负债表、制造业景气指数下行，共同制约着经济增长，全球经济增速由 2022 年的 3.5% 放缓至 2023 年的 3.0%，低

① 数据来源：《中国经济报告》2024 年第 1 期第 53—55 页。

于 2000—2019 年间的平均增速 3.8%。

经济增长分化，发达经济体就业良好。发达国家总体经济增速为 1.5%，新兴市场和发展中经济体增速 4.0%。中国 2023 年度按不变价格计算的 GDP 增速为 5.2%，从历史看属于低速，但达到年初设定的增长目标。三大发达经济体呈现“美强日兴欧弱”的格局。美国依然引领全球创新，经济表现突出，2023 年 GDP 增速达 2.5%。日本在“失去的三十年”之后，呈现某种恢复甚至新生的迹象，长期增长由负转正，年度 GDP 增速达 1.5%。德国等制造型经济体则受到全球制造业景气下滑的较大冲击，带动欧元区经济增长减速，年度 GDP 增速仅为 0.4%，经济衰退的风险有所上升。从就业来看，在发达经济体中，2023 年 12 月美国失业率为 3.7%，欧元区为 6.4%，英国为 4.3%，日本为 2.5%。美国和英国分别比一年前上升 0.2 个、0.6 个百分点，日本持平，欧元区则下降 0.3 个百分点，总体看，发达经济体的失业率普遍处于历史较低位置。

2.1.2　总体通胀率下降

国际大宗商品价格的回落为通胀下行贡献了主要力量。随着上游能源加速回落，推动下游消费者物价指数水平（CPI）下行至 2%—4% 区间，主要央行的通胀目标区达标进程已过大半。2023 年末美国、欧元区、英国和日本的 CPI 分别回落至 3.1%、2.4%、3.9%、2.3%，处于一年来的低位。然而，东中欧、西亚北非等少数国家通胀依旧严重，埃及（35%）、尼日利亚（28%）、老挝（25%）等国受到俄乌和巴以冲突影响，出现能源粮食供应危机，委内瑞拉（283%）、阿根廷（161%）、土耳其（62%）等货币发行失控成为通胀“老大难”国家。一些国家则表现出通缩迹象，中国通胀在第三、第四季度出现月度负值，11 月份亚美尼亚、泰国也出现了 CPI 负增长。

2.1.3　地缘政治与区域性冲突成为威胁因素

地缘政治和区域性冲突已成为全球经济发展中的“灰犀牛”，对全球经济的稳定增长产生深远影响。俄乌冲突作为近年来影响范围最广的国家性冲突事件之一，受到全球关注。僵局给能源价格持续带来上行压力，并威胁到粮食价格的稳定，这又迫使能源和粮食的供应商不断根据新的现实情况减少石油、天然气、谷物和其他商品的供应，并寻找新的贸易伙伴。地缘政治局势的紧张对全球贸易、全球投资以及全球金融稳定都造成了事实上的威胁。

2.1.4 新兴产业、防御性股票、债券将充当经济“稳定器”

全球资产普遍承受了美联储加息和俄乌冲突的负面影响，导致大多数资产类别表现不佳。这些事件对全球股市造成了压力，摩根斯坦利国际资本公司 MSCI 全球股票指数 2022 年下跌了 17.8%，发达市场和新兴市场的股票指数分别下跌了 17.8% 和 18.1%。美联储的加息行动导致美国股市之前积聚的泡沫得到释放，使标普 500 指数在一年内的跌幅接近 20%。俄乌冲突引起的能源危机对欧洲经济产生了影响，导致 MSCI 欧洲指数下跌超过 11%。在这一年，随着加息和通胀压力的增加，世界各国的国债收益率普遍上升。美国 10 年期国债收益率上涨了 225 个基点，作为国际资本市场长期资金成本的重要参考，美国长期国债收益率的变动对全球的借贷成本和债券市场都有显著影响。同样，欧元区和英国的 10 年期国债收益率分别上升了 268 个和 380 个基点。因此，在经济波动期间，新兴产业、防御性股票和债券扮演着稳定经济和缓解市场冲击的关键角色。

防御性股票一般来源于受经济周期影响较小的行业，比如日常消费品、医疗保健和公共事业等。这些行业的产品和服务即使在经济低迷时期也能保持稳定的市场需求，因此在市场波动时能够保持相对稳定的投资回报。以 2008 年金融危机为例，尽管标准普尔 500 指数从年初的 1468 点下跌至年底的 903 点，跌幅达到 37%，但日常消费品行业的股票表现则相对较好。例如，宝洁公司和强生公司在 2008 年的股票回报率分别为 -14.4% 和 -11.4%，远好于整体市场；而医疗保健行业在经济衰退期间也表现出了较强的抗跌性能，同期美国医疗保健行业股票基金下跌了 23.1%，跑赢了标普 500 指数。同样，公用事业作为一个典型的防御性行业，在经济衰退中通常保持稳定，2008 年公用事业指数基金的跌幅为 28.6%，也略好于标准普尔 500 指数。相比之下，债券通常提供更稳定的回报并降低风险。事实上，根据美国晨星公司（Morningstar）的数据，过去 20 年美国债券市场的波动率仅为 3.5%，远低于股票市场的 15.1%。在金融危机期间，许多债券如美国国债回报率达到 5.1%，表现出了在经济动荡期的稳定性，远超股票市场的表现。

2.2　全球风险投资市场新动向

2.2.1　全球风险投资市场新情况

受疫情起伏、地缘政治局势紧张等因素的影响，2022 年全球风险投资市场面临一系列挑战、增长步伐放缓。尽管市场上仍有大量可用资金，但风险投资者变得更加保守，更注重盈利能力，对投资决策持谨慎态度。此外，根据美国企业服务数据库公司 Crunchbase 的数据，在 2023 年第一季度末，风险投资公司已筹集到但未投出的资金达到创纪录的 5800 亿美元水平。

根据全球另类资产行业数据和市场分析平台 Preqin 的数据，2022 年全球风险投资募资总额在第一季度触达峰值后逐步下跌，到第四季度仅募集了 200 亿美元，是自 2017 年以来的最低水平。美国创投行业在 2022 年经历了较大的退出和投资下滑，整个行业从泡沫化盛夏迅速进入寒冬，无论是 GP（普通合伙人）还是 LP（有限合伙人）都特别珍惜流动性。此外，硅谷银行破产事件给全球风投市场在未来一段时期内的募资情况带来了极大的不确定性。不过，大中华区私募股权与创业投资行业的资产管理规模在 2023 年初达到 1.6 万亿美元，表明中国的 PEVC 行业正在积极稳定回归常态。[①]

根据欧洲市场分析平台 Dealroom 的数据，全球风险投资总额在 2022 年达到了 5190 亿美元，较 2021 年的 7550 亿美元下降了 31%。尽管市场波动和投资者的谨慎态度对首次风投融资金额造成了一定影响，但风险投资金额仍然维持在较高水平。这主要归因于能源价格飙升下，替代性新能源、电动汽车和清洁技术领域的风险投资大幅增加。虽然企业参与的融资轮次在 2022 年四季度之少为近两年之最，但这很大程度上是因为投资者变得越来越谨慎并且重新评估了战略重点。总体而言，风险投资市场仍然具有活力，不断涌现的创新领域吸引着资本的关注。

从欧洲风险投资市场看，2023 年政府机构成为最大投资方。随着全球地缘政治紧张局势加剧，科技供应链近来陷入困境，欧洲开始转而集中力量投资本土科技。其中，人工智能、量子计算、生物技术和气候科技等领域均获得了大量资金支持。根据行业协会 Invest Europe 发布的报告称，2023 年共有 278 只欧洲风险投资基金筹集到了资金，创下自 2019 年以来的最低记录，欧洲风险投资的筹资总额同比下降了 42%。值得注意的是，政府机构在过去一年已经成为欧洲风险投资基金最大投资方，投资总额达到 42 亿欧元，在 112 亿欧元的已知有限合伙人基金中的占比达到 37%。紧随政府机构，私人和家族办公室成为 2023 年欧洲风险投资基金的第二大投资者，以 21 亿欧元的投资总额占比约 19%。作为第三大投资者的企业投资者的贡献较上年下降了 16%，总额大约 15 亿欧元，占比 13%。

从资金的地域分布看，总部位于法国和荷比卢地区（欧洲投资基金和法国国家投资银行 Bpifrance 的所在地）的有限合伙人是 2023 年欧洲风投资本的主要来源，占总融资额的 37.3%。包括西班牙、葡萄牙、意大利和希腊在内的南欧投资者贡献了 20.5% 的资金。欧洲资金最充足的创业生态系统——英国贡献了 11.4% 的风险资本[②]。

① 数据来源：睿勤业绩基准报告：中国私募资本市场全景（2023）。

② 数据来源：未央网研究报告 https：//www. weiyangx. com/435486. html。

2.2.2　全球风险投资市场新动向

世界经济的发展使投资领域呈现扩大趋势，2022年以来全球投资热点呈现出种类增多、领域扩张的趋势。

由于全球气候变化和环境问题日益恶化，新能源汽车和电池行业成为投资者关注的焦点。国际能源署（IEA）的报告显示，2022年全球新能源汽车的销量有望达到1250万辆，同比增长近30%。在这些新能源汽车中，电动汽车（EV）占据了70%的市场份额，插电式混合动力汽车（PHEV）和燃料电池汽车（FCEV）的市场份额分别为25%和5%。中国、美国、欧洲等国家和地区是全球新能源汽车的主要市场。新能源汽车市场的迅猛发展，也为电池产业带来了巨大的投资潜力。中国、韩国和日本是全球锂电池的主要生产国，它们的产能分别占全球总产能的60%、20%和10%。

智能制造作为工业4.0的核心驱动力，继续受到投资者的青睐。国际数据公司IDC的数据预测，从2022到2027年，中国制造业整体IT市场规模将从8012.9亿元增长至17189.9亿元，五年年复合增长率16.5%。其中，随着标准化产品交付的比例提高，软件占比将从20.1%逐步升至22%。美国、欧洲、中国等地是全球智能制造的主要市场区域。智能制造的投资方向主要涉及以下领域：机器人与自动化、物联网、大数据与云计算、人工智能、增材制造等。在这些领域中，机器人与自动化的投资占比为35%，物联网的占比为25%，其他领域的占比为40%。

人工智能作为21世纪的核心技术之一，继续呈现高速发展的态势。华为公司《加速行业智能化白皮书》指出，人工智能正从感知理解走向认知智能，带动数字世界和物理世界无缝融合。根据预测，2030年全球人工智能市场规模将超过20万亿美元，2030年中国人工智能核心产业规模将超过4万亿美元，具有较大的发展潜力和空间。美国、中国、欧洲等国家和地区是全球人工智能的主要市场区域。人工智能的投资方向主要涉及以下领域：自然语言处理（NLP）、计算机视觉、机器学习、智能机器人、无人驾驶等。在这些领域中，自然语言处理和计算机视觉的投资占比为

40%，机器学习的占比为30%，其他领域的占比为30%。

全球人口老龄化和医疗需求的增加，使生物医药行业成为投资者关注的焦点。在这个市场中，创新药、生物制品和仿制药的占比分别约为40%、30%和30%。美国、欧洲、中国等国家和地区是全球生物医药的主要市场区域。生物医药的投资方向主要涉及以下领域：生物技术、新型疗法（例如基因治疗、细胞治疗）、疫苗研发、创新药物研发等。

可以看到，新能源汽车与电池、智能制造、人工智能和生物医药是全球投资的四大热门领域。这些领域的进步促进了全球经济发展，为投资者创造了巨大的投资价值。在未来的发展中，这些领域将继续呈现高速增长的趋势，成为全球投资的焦点领域。

2.3　我国风险投资市场发展新趋势

2.3.1　我国宏观环境回顾

《2023年国民经济和社会发展统计公报》显示，我国经济运行呈现恢复向好的态势，实际GDP同比增长5.2%。结构方面，2023年第一产业、第二产业和第三产业在GDP中的占比分别为7.1%、38.3%和54.6%，对经济增长的贡献率分别为5.9%、33.9%和60.2%，三大产业协调发展促进我国经济稳中向好。增速方面，第一产业、第二产业和第三产业分别同比增长4.1%、4.7%和5.8%。全年最终消费支出对国内生产总值增长的拉动作用为4.3%，资本形成总额对国内生产总值增长的拉动作用为1.5%，货物和服务净出口对国内生产总值增长的拖累作用为0.6%。

（1）需求方面

2023年，各地区各部门深化扩大内需战略，积极出台一系列促进消费政策措施，推动消费市场逐步回暖，部分升级类和大宗商品销量较大，餐饮类、旅行类和文娱类消费迅速增长。2023 年社会消费品零售总额同比增长 7.2%。从消费类型看，随着扩内需、促消费各项政策措施有效落实，居民消费需求快速释放，服务消费市场恢复稳固，服务零售保持较高增长。2023 年餐饮收入和商品零售分别同比增长 20.4%、5.8%。商品零售中，必选品类中粮油食品类和中西药品类零售额 2023 年分别同比增长 5.2%、5.1%；可选品类消费增速明显提升，服装鞋帽针织品类、化妆品类、金银珠宝类、汽车类零售额 2023 年分别同比增长 12.9%、5.1%、13.3%、5.9%；地产相关消费中，家具类、建筑及装潢材料类 2023 年分别同比增长 2.8%、-7.8%。

固定资产投资保持稳定增长，投资结构持续优化。2023 年固定资产投资（不含农户）累计同比增长 3.0%。制造业方面，2023 年制造业投资累计同比增长 6.5%，其中，高技术制造业投资同比增长 9.9%，增速高于制造业投资 3.4%。细分行业中，航空、航天器及设备制造业投资同比增长 18.4%，计算机及办公设备制造业投资同比增长 14.5%，电子及通信设备制造业投资同比增长 11.1%，制造业升级趋势持续。地产方面，2023 年房地产开发投资累计同比下降 9.6%，相关数据呈现分化，竣工面积增速显著提升，但销售面积、新开工面积和施工面积增速仍然低迷，2023 年商品房销售面积、房屋新开工面积、房屋施工面积、房屋竣工面积分别同比变化 8.5%、-20.4%、-7.2%、17.0%。基建方面，2023 年基建投资同比增长 5.9%。

（2）供给方面

2023 年，国内工业生产持续加速，制造业高端化、智能化、绿色化发展不断取得新进展，全年工业经济总体呈现回升向好的态势。2023 年全国规模以上工业增加值同比增长 4.6%。从三大门类看，制造业、采矿业、电力燃气及水的生产和供应业 2023 年分别同比增长 5.0%、2.3%、4.3%。2023 年，装备制造业生产保持较好态势，推动工业产业不断优化结构、走向高端，全年增加值同比增长 6.8%，高出全部规上工业平均水平 2.2%，对全部规上工业增长贡献率近五成，在全部规上工业增加值中的占比为 33.6%，比上年提升 1.8%。其中汽车、电气机械行业增加值实现双位数增长，分别同比增长 13.0%、12.9%，较 2022 年提高 6.7%、

1.0%。神舟十七号顺利发射，C919国产大飞机开始商业运营，我国高水平科技自立自强迈出新步伐，促进制造业高端化发展。2023年，半导体器件专用设备制造、航天器及运载火箭制造、飞机制造等行业增加值分别同比增长31.5%、23.5%、10.8%。

2.3.2 风险投资基金募集、投资和退出情况

（1）募集情况

根据投中网公布的基金数据，2023年共有8437只基金启动募集，募资目标规模达到58518.34亿元，同比增长2.35%。从币种看，2023年启动募集的人民币基金募资目标规模呈现上升趋势，而美元基金募资目标规模则同比下降。2023年启动募集的人民币基金和美元基金的募资目标规模分别同比增长3.50%、-18.24%至57196.69亿元、180.61亿美元。2023年募资目标规模前三名的人民币基金是广州市基础设施产业发展基金、西安重点产业产业投资基金和杭州并购基金，募资目标规模分别为2000亿元、1000亿元和1000亿元。2023年募资目标规模前三名的美元基金是元资产Web3.0产业基金、天成君诚基金和远东宏信绿色基础设施基金，规模分别为100亿美元、15亿美元和10亿美元。

从2023年启动募集的基金类型来看，PE基金、VC基金、FOF基金、政府引导基金的占比分别为40.81%、11.65%、16.00%、25.43%。这四类基金的募资目标规模分别为23883.70亿元、6815.03亿元、9360.68亿元、14879.72亿元。与上一年相比，VC基金2023年募资目标金额同比下降4.66%，PE基金同比下降1.80%，政府引导基金同比下降18.67%。由于二级权益市场的估值波动，后期的投资项目退出风险增加，因而PE、VC募资活跃度有所降低。

（2）投资情况

根据投中网公布的数据，2023年风险投资金额同比略有增长，但融资事件数量明显下降。投中数据显示，2023年1月至12月，中国非上市企业共有融资事件7967件，同比减少21.29%，涉及交易金额7481.18亿

元，同比增长3.60%。其中，2023年3月的融资金额最高，达到1344.21亿元，融资事件数量为831件。3月融资金额排名第一的项目是华虹半导体制造（无锡）有限公司（电子信息－半导体行业），完成战略融资40.19亿美元（折合人民币285.03亿元）；紧随其后的是创业之家企业服务有限公司（企业服务－创业服务行业），完成B轮融资35亿美元（折合人民币248.22亿元）。

从投资金额来看，电子信息、能源及矿业、医疗健康、汽车交通、先进制造行业是五大投资热门领域，占全部投资额的70.43%。其中，能源及矿业的投资金额在2023年同比大幅增长100.22%至1099.08亿元，主要得益于四川时代新能源科技有限公司于3月实现战略融资，总融资金额267.49亿元，以及中电建新能源集团股份有限公司于6月实现A轮融资，总融资金额76.25亿元。电子信息行业的投资金额在2023年同比增长5.54%至2402.47亿元，其中长鑫新桥存储技术有限公司于10月获得华芯投资、长鑫芯安等机构的390亿元战略投资。另外，先进制造行业的投资金额在2023年同比小幅增长2.95%至448.31亿元，其中深圳联合飞机科技有限公司于3月完成D轮融资，总融资金额20亿元，由中天融汇基金、四川协同振兴基金等机构投资。

从投资阶段来看，2023年战略投资、A轮、B轮、C轮和E轮以后是五大投资热门领域，合计规模5856.74亿元，占总投资金额的78.29%。其中战略投资规模为1728.38亿元，同比大幅增长253.68%，主要得益于长鑫新桥存储技术有限公司于10月实现390亿元的融资，以及华虹半导体制造（无锡）有限公司于3月实现40.19亿美元融资（折合人民币285.03亿元），还有四川时代新能源科技有限公司、中粮福临门股份有限公司分别实现了267.49亿元和210亿元的融资。2023年A轮投资规模为2124.73亿元，同比略有增长12.82%，其中融资规模最高的项目是重庆蚂蚁消费金融有限公司，融资规模高达105亿元。另外，B轮融资、C轮融资也分别实现了1222.05亿元、592.37亿元，同比分别变化0.67%、－28.38%。

（3）退出情况

2023年，风险投资退出项目数量大幅下降，共有4156项投资实现退出，同比降低31.52%。从退出方式来看，41.12%是通过IPO上市渠道，52.60%通过并购，6.28%通过同行转售。从退出项目的行业来看，2023年电子信息行业退出的项目最多，有1250项，同比减少22.41%。其次是医疗健康行业的512项，同比减少44.89%；传统制造行业374项，同比减少24.90%。按照内含报酬率口径计算，从已披露的数据来看，IPO方式的平均回报率总体有所下降，2023年平均为44.10%，比往年降低11.73%。2023年按照不同项目来看，宏裕包材（传统制造－传统制造其他）内含报酬率最高，达到2620.85%，其次为安达科技（能源及矿业－电池与储能技术）1064.77%、双元科技（传统制造－机械设备）213.76%。

2.3.3 热点投资项目

2023年，电子信息、能源、矿业、企业服务、消费行业是投资项目涉及的前五大行业，其中融资规模最高的项目是长鑫新桥存储技术有限公司，该公司位于安徽省合肥市（见表2－1）。

表2－1　　2023年度热点项目梳理

企业名称	融资轮次	融资规模	行业	公司介绍
长鑫新桥	战略投资	390亿元	电子信息－半导体	长鑫新桥存储技术有限公司成立于2021年1月5日，是长鑫存储的制造基地项目（合肥存储器基地项目）
华虹制造	战略投资	40.19亿美元（折合285.03亿元）	电子信息－半导体	华虹半导体制造（无锡）有限公司成立于2022年6月17日，从事集成电路及采用65/55nm至40mm工艺的12英寸（300mm）晶圆的制造及销售
四川时代	战略投资	267.49亿元	能源及矿业－电池与储能技术	四川时代新能源科技有限公司成立于2019年，是宁德时代新能源科技股份有限公司（300750.SZ）全资子公司，主要从事锂离子电池制造

续表

企业名称	融资轮次	融资规模	行业	公司介绍
创业之家	B 轮	35 亿美元（折合 248.22 亿元）	企业服务－创业服务	创业之家企业服务有限公司成立于 2017 年 6 月 1 日，是一家创业企业服务商，为处在初创期、成长期的国内中小微企业提供种子轮和天使轮的融资方案及企业管理和上市咨询服务
中粮福临门	战略投资	210 亿元	消费－食品饮料	中粮福临门股份有限公司成立于 2020 年，主要从事生产、销售谷物调和油类产品，同时负责中粮集团全球农粮供应链业务

长鑫新桥存储技术有限公司是长鑫科技集团旗下的一家存储技术公司，于 2021 年成立，注册资本 500000 万元。该公司位于安徽省合肥市经济技术开发区，主要业务包括存储技术、集成电路设计、制造、加工、技术开发、技术转让、技术咨询、技术服务、技术培训和技术检测等，拥有 12 英寸存储器晶圆制造基地项目。

华虹集团是国有的 8 英寸和 12 英寸集成电路制造产业集团，拥有先进的芯片制造主流工艺技术。集团下属的业务涵盖集成电路研发制造、电子元器件分销、智能化系统应用等领域，其中芯片制造核心业务遍布上海金桥、张江、康桥和江苏无锡四个基地，目前拥有 3 条 8 英寸生产线、3 条 12 英寸生产线。集团现有员工超过 10000 人，组成了一支专业化、国际化、高科技的人才团队。全集团累计专利申请受理达到 17000 件以上，其中发明专利占比超过 95%，已获授权的专利超过 9000 件。

四川时代新能源科技有限公司（以下简称“四川时代”）是宁德时代投资的全资子公司，于 2019 年 10 月成立，位于宜宾市三江新区，项目分 10 期建设，总投资超 500 亿元，总用地面积超 6000 亩。四川时代于 2022 年 3 月获得新能源产业首个 PAS2060 碳中和国际认证，表明基地已达到“碳中和”目标。四川时代成为全球锂电池制造行业的第一个“零碳工厂”，对锂电产业链上下游有着重要影响。同时，四川时代借鉴宁德时代全球“灯塔工厂”的技术经验，积极打造“灯塔工厂”，实现出行和物流的电动化、智慧化，生产的无纸化、自动化和智能化，为全球锂电池制造工厂提供工业 4.0 新范例。四川时代正成为拥有世界一流技术水平的新能源动力电池制造基地和节能环保绿色生态产业园区。

创业之家是一家专注于并购优质资产和服务中小企业的新型企业服务公司。自创立以来，一直致力于解决国内中小微企业融资难、融资贵等问题，为处于创业期、成长期的国内中小微企业提供种子轮和天使轮的融资方案及企业管理和上市咨询服务，支持国内中小微企业实现良性发展。

中粮福临门是中粮集团的专业粮油食品营销公司，专注于集团旗下品牌食品的营销管理、分销及部分外来品牌产品的分销代理业务，是中粮集团"十三五"发展战略中的核心主业之一。福临门利用中粮集团全球产业链优势，为消费者提供了安全、健康、营养、美味的厨房食品，包括食用油、糖、调味品等。公司机构总部位于北京，销售网络覆盖全国，目前已有 11 个销售大区，10 个分公司，拥有在编员工 1500 余人。

2.3.4 中国风险投资市场的新趋势

自 2020 年起，中国在全球化新趋势和国际投资贸易新规则下，步入了一个以开放推动改革和发展的新时期。在中国经济发展进入新常态的宏观背景下，风险投资行业迎来了发展的新篇章，伴随着政策变化和资本注入，行业面临着更多复杂的机遇和挑战。

中国证券投资基金业协会报告显示，2022 年末，登记在册的活跃私募基金管理人总数为 23667 家，较去年同期下降了 3.8%。具体来看，从事私募证券投资的管理人数量为 9023 家，略微下降 0.5%，而私募股权和创业投资基金的管理人数为 14303 家，下降了 4.7%。另有私募资产配置类和其他私募投资基金管理人 341 家，总体保持持平。在规模超过百亿的私募基金管理人方面，共有 397 家，同比小幅增长 1.5%，其中 113 家是私募证券基金管理人。在过去的十多年中，私募基金的发行速度在 2010 年、2014 年和 2015 年经历了爆炸性的增长，其中 2015 年的增长率尤为显著，达到了 199%。观察私募基金产品的发行行业，消费、企业服务、硬科技、先进工业、医疗健康等 5 个细分行业在 2015—2022 年各年的基金发行中合计占 75%—85% 的比例，其中先进工业和医疗健康占比有不断扩大的趋势（见图 2－1）。

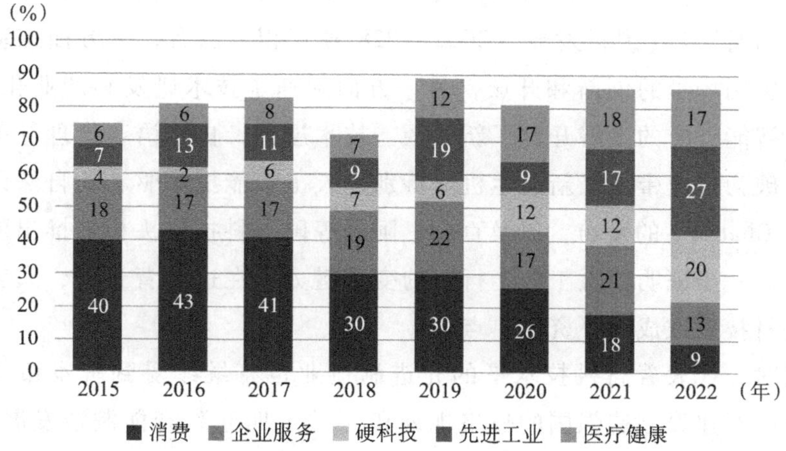

图 2－1　2015—2022 年不同赛道私募融资发展趋势

2022 年底的中央经济工作会议和 2023 年 3 月的两会都把稳定增长作为首要考量。《政府工作报告》把 2024 年国内生产总值（GDP）增长目标设定为 5% 左右。报告进一步强调了全面加深改革和开放的重要性，提出了增强市场信心的必要性，并主张将扩大内需战略与供给侧结构性改革相结合，以确保增长、就业和物价稳定。这些政策措施增强了企业和投资者的信心，优化市场预期，并推动股权投资市场稳步发展。

“十四五”规划纲要将高质量发展作为核心指导原则，其中包括推进高端制造业的发展和实现碳达峰、碳中和目标。政府工作报告强调了提升制造业竞争力和推动能源结构的低碳转型。为此，中央和地方政府提供了资金激励、税收减免、融资支持和产业链整合等多方面支持，以促进高端制造和硬科技领域的发展。同时，环境、社会和治理（ESG）信息的披露变得日益重要。例如，深圳自 2021 年起实施了环境信息强制披露条例，而生态环境部在 2021 年底发布的新环境信息披露政策也于 2022 年 2 月开始生效，要求包括重点排污单位和上市公司在内的特定主体必须公开环境信息。这些措施旨在提高透明度，促进可持续发展。

在资本市场逐渐回暖的大环境中，得益于技术进步和政策利好的双重支持，人工智能行业成为资本的宠儿。政策层面，2022年8月，《关于加强场景创新以人工智能高水平应用促进经济高质量发展的指导意见》（国科发规〔2022〕199号）和《科技部关于支持建设新一代人工智能示范应用场景的通知》（国科发规〔2022〕228号）相继出台，一方面推动了人工智能应用场景的创新和开放，另一方面加速了技术研发和产业化进程，为人工智能行业的发展开辟了新途径。技术层面，自然语言处理等关键技术的突破为行业带来了新的生机。特别是人工智能技术驱动的自然语言处理工具ChatGPT的发布，以及百度、阿里等国内科技巨头相继推出的类似产品，进一步证明了人工智能行业的变革潜力，在这一背景下，人工智能及相关科技领域成为投资的热点。

同时，代表着高科技水平的先进制造业也将继续受到资本市场的青睐。政府对建设制造强国的战略规划和《“十四五”智能制造发展规划》（工信部联规〔2021〕207号）等政策的支持，推动高端制造业的快速增长。例如，2022年高端制造业的增加值增长率达到10.6%，远超一般工业增速。风险投资在制造业投资中的比重也显著上升，从2019年的17%增至2022年的48%。随着高端制造业与人工智能、大数据等技术的深度融合，其发展将进一步形成新质生产力，持续成为风险投资市场关注的焦点。

高端制造、半导体芯片以及新能源汽车和储能等清洁能源领域的投资活动预期也会日益频繁。据投中网数据显示，2023年上半年，IT、制造业、能源和矿业的投资额分别高居前三位。同时，高端制造和硬科技行业已成为国内IPO的主力军，促进了PE和VC投资的顺畅退出，超过70%的IPO企业来自机械制造、半导体与电子设备、生物技术与医疗健康、化工原料加工和IT五大行业。畅通的退出渠道进一步吸引了更多的资本，预计这些领域将继续成为PE和VC投资的主要选择。

2.4　风险投资行业的头部效应

2.4.1　头部品牌辨识度优势凸显

近年来，风险投资行业的集中度持续上升。中国证券投资基金业协会的相关数据显示（见图 2－2），规模超过 50 亿元的基金管理人的资产规模从 2017 年的 55.2% 增长到 2020 年的 60.4%；而管理规模超过 10 亿元的基金管理人的资产规模从 2017 年的 82.8% 提升至 2020 年的 85.2%，这表明行业内的资产集中度持续增加。值得注意的是，比起上述数据，实际的风险投资基金集中度可能更高，因为同一风险投资机构通常会设立多个基金管理人实体。例如，清科研究中心的数据显示，IDG 资本至少设有 13 家基金管理人，其中 5 家基金管理人的规模超过百亿。如果以投资机构为主体进行统计，行业的集中度将会达到更高的水平，这也意味着行业内各类主体都需要密切关注资产配置和风险管理。

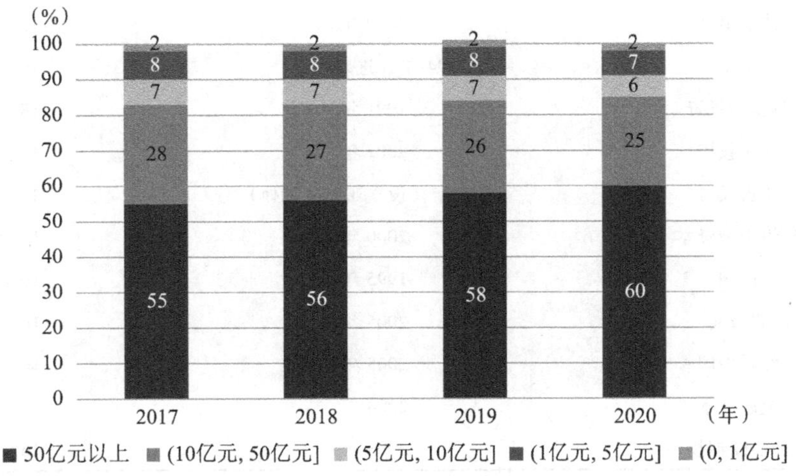

图 2－2　不同管理规模的管理人分布

基金行业的集中度不断上升，这一趋势源自头部机构的品牌知名度已经深入人心。品牌知名度的形成依赖于先发优势、投资实力和投后管理能力。在过去30年的市场风云变幻中，那些早期进入市场的机构能够凭借其卓越的历史业绩赢得更好的声誉。投资实力是获得投资人信任的关键，也是建立品牌知名度的核心。此外，基金管理人在与企业共同成长的过程中扮演着重要角色，其出色的投后管理能力也有利于树立良好的口碑，成为品牌知名度建立的关键。具体而言，先发优势、投资实力和投后管理能力在以下意义上构成品牌知名度的重要基础。

首先，品牌辨识度需要经年累月的积累，早期进入市场是必要条件。由于风险投资的投资回报期比较长，成立时间较短的机构因项目尚未进入退出期，通常缺乏足够的历史业绩参考。只有那些进入市场较早的机构才有机会通过展示其历史业绩来获得更好的口碑（见表2－2）。

表2－2　2001—2020年清科主榜单上榜次数排名

机构简称	成立时间	上榜次数
IDG资本	1992年（进入中国）	20
君联资本	2001年	20
赛富投资基金	2001年（SAIF）	20
深创投	1999年	20
达晨财智	2000年	19
华平	1994年（进入中国）	19
英特尔投资	1991年	18
鼎晖投资	2002年	17
凯雷投资	1998年（设立亚洲办事处）	17
软银中国资本	2000年	17
DCM	1995年	16
北极光	2005年	16
红杉中国	2005年	16
纪源资本	2000年	16
金沙江创投	2003年	16

资料来源：清科研究中心。

其次，只有投资实力强大的机构才能真正形成品牌辨识度。投资实力是获取投资者信赖的核心因素。在长期投资过程中成功经历周期考验、并依然保持稳健的投资收益率，这些因素才能真正建立机构自身的品牌辨识度。众多机构因市场环境变化和投资竞争加剧而被淘汰出局。这些投资实力强大的头部机构不仅依赖于某段特殊时期的行业红利，而是具有对行业发展的深刻洞见，并且其投资通常涵盖若干细分行业和一部分投资阶段，而非仅仅投资某个热门赛道。

最后，投后管理能力在风投领域扮演着关键角色，也是建立品牌辨识度的重要手段。风投管理者的职责不仅仅是为企业家提供创业资金，更重要的是贯穿被投企业的整个生命周期、与企业家共同成长。头部风投机构品牌辨识度的形成过程中，口碑传承至关重要。未来，“商业评估 + 投后增值”的模式、与企业共同成长的商业逻辑将取代过去“快速投资 + 资本市场套利”的方式。因此，拥有优秀的投后管理能力的风投管理人将更受青睐，品牌辨识度也将持续提升。

2.4.2　风险投资的典型投资案例

（1）四川双马：IDG 顶级投资团队加持，品牌辨识度突出

四川双马公司，全称四川双马水泥（集团）有限公司，是一家位于四川省江油市的企业，始建于 1956 年。该公司最初是作为国家“一五”计划期间的重点建设项目而设立的，其设备全部从德国引进，一度成为亚洲最大的三家水泥企业之一。经过多年的发展，四川双马从单一的水泥生产企业转型为集水泥制造、水泥制品、包装制品、水力发电、新型建材和物资仓储于一体的综合性企业。公司坚持“诚信自立、开拓奉献”的企业精神，致力于提供优质的产品和服务，满足广大用户的需求。四川双马的“双马牌”水泥产品因其优良的品质和合理的价格而深受欢迎，广泛应用于国防、电力、水利、交通、能源、铁路、城建等重点工程建设项目。随着时间的推移，四川双马也在不断扩展其业务范围，包括但不限于企业总部管理、技术服务与开发、大数据服务、人工智能软件开发、智能控制系

统集成以及建筑材料销售等。这些变化反映了公司适应市场需求、追求持续发展的战略方向。

四川双马公司拥有来自 IDG 资本的投资团队，具有突出的品牌辨识度。2016 年，北京和谐恒源科技有限公司成为公司的大股东，持股比例为 26.52%，使 IDG 合伙人林栋梁先生成为实际控制人。随后，公司逐渐剥离水泥业务，转向风险投资领域。2021 年 12 月 16 日，公司宣布更名为“四川和谐双马股份有限公司”，目前已发展成为一家专注于产业投资管理和股权投资基金管理的上市公司。

作为中国最早的风险投资公司之一，IDG 资本自 1992 年进入中国市场，标志着中国风险投资基金新纪元的开始。在过去近 30 年的时间里，IDG 资本以其强大的投资和管理能力，在经济周期的考验中保持了稳定的投资回报率，并在各大私募股权管理机构排行榜上长期占据领先位置。在 2001—2020 年的清科排行榜上，IDG 资本六次荣获最佳风险投资机构的称号，成为历年来获此殊荣次数最多的机构。同时，它也是“投中网中国最佳创业投资机构”前十名的常客。

IDG 资本已在先进制造领域深耕多年，积累了丰富的投资经验和行业资源，使四川双马有潜力成为中国先进制造领域的一级市场投资领导者。IDG 资本专注于高端制造业的全产业链投资，其深厚的行业洞察力和资源积累对四川双马管理的基金提供了强大支持。目前，四川双马管理着两只基金，总规模约为 175 亿元人民币，其中河南省和谐锦豫产业投资基金规模为 66.74 亿元，主要关注大消费领域的投资；义乌和谐锦弘股权投资合伙企业的投资规模为 108.02 亿元，专注于芯片、半导体等高端科技领域的先进制造投资。

四川双马还投资了包括卫蓝新能源科技、蜂巢能源、重塑能源集团、时空电动、高景太阳能、数智星辰科技、格盛科技在内的 40 多家企业，这些企业均活跃在半导体、新能源等先进制造领域，并正处于快速成长阶段。随着行业集中度的增加，四川双马将凭借 IDG 的强大品牌影响力，在私募股权基金行业的快速增长中获得显著收益。新成立的基金将通过募资额的增加为公司带来更多的管理费收入。同时，项目退出渠道的多样化将降低退出难度，提高投资回报率。

（2）光大控股：世界百强，品牌效应显著

中国光大控股有限公司（以下简称“光大控股”）凭借其 20 多年的私募股权投资管理经验，位列全球私募股权机构百强之列。该公司 1997 年在香港成立，是一家专注于另类资产管理的上市企业，隶属于中国光大集团。在 2021 年全球权威行业媒体 Private Equity International 组织的 PEI300 的国际评比中，光大控股在全球排名第 75，在 29 家入榜的中国机构中位列第 4 名。光大控股管理着多种私募基金，包括创投基金、产业基金、夹层基金、母基金、固定收益和股票基金，这些基金共同孵化了许多高增长潜力的企业。同时，光大控股还结合中国企业的需求，将国际技术优势与中国市场相融合，为国内外投资者提供了广泛的金融服务。

光大控股以其深厚的投资经验，构建了一套产业资源丰富的资产管理体系，形成了独特的产融结合模式。公司利用自身资金孵化了四个重要的产业平台，包括中国最大的独立飞机租赁公司中飞租赁、AI 物联网领域的独角兽企业特斯联、高端养老服务品牌光大养老，以及房地产私募股权投资领域的领军者光大安石。光大控股通过产业联动的资产管理策略，实现了自有资金与基金管理的协同效应，推动了产融结合模式的发展。

光大控股以其杰出的投资技能和丰富的行业资源，建立了显著的品牌认知度，实现了资产管理规模的稳定增长。光大控股响应银行和保险资金对于非标准化资产配置的需求，通过聚焦于大型基金的战略，增强了募资能力，其基金规模从 2016 年的 875 亿港元增长到 2023 年的 1548 亿港元。

（3）头部机构品牌趋势

首先，头部机构试图建立更强的品牌辨识度以在募资端获得更多优质资金。具体来说，政府引导基金、市场化母基金等有限合伙人（LP）在筛选子基金管理机构时，首要考虑的因素是其良好的投资业绩和品牌知名度。在保险资金方面，监管部门对私募股权基金管理人的适当性要求执行得更加严格。自 2010 年正式开放保险资金参与股权投资基金以来，对基金管理机构的要求一直较为严格，例如注册资本不低于 10 亿元人民币、管理资产余额不低于 300 亿元人民币等。根据中国保险资产管理业协会

2021 年保险资金投资的私募股权投资基金管理人评价结果，A 类名单中，管理规模在 100 亿以上的机构占比达到 60%。

其次，拥有更强品牌辨识度的私募机构在投资端竞争项目时更具优势。在私募一级市场中投资是相互选择的过程，资金在筛选优质项目的同时，优质项目也在吸引头部机构。根据中国专业的资本市场数据公司投中数据的分析，占比约 9% 的头部机构为 51% 的企业提供了 53% 的资金支持。这是因为被投企业不仅需要长期资金，还需要人才、技术、品牌建设、运营管理和产业资源等全方位的创新要素支持。头部机构已经形成品牌辨识度，具备各方面的管理经验和产业资源，能够直接为被投企业提供配套资源支持。此外，高品牌辨识度的机构的投资本身就是一种品牌背书，可以间接帮助企业吸引人才、获得客户的认可，从而提高企业价值。

最后，头部机构聚焦产业链上布局投资有助于提高成功概率。初创企业通常面临两个问题：一是缺乏面向上游的议价权，导致成本居高不下；二是销售渠道有限，产品销售受阻。头部私募股权机构在同一产业链中进行长期投资，积累了与众多企业的紧密关系，能够协助被投企业对接优质的供应商和客户资源。通过建立研发联盟、产业链联盟、市场合作联盟等方式，帮助被投企业扩大产能、降低成本，从而提高投资获胜的机会。

第3章

风险投资的经济效应：理论与实证研究

西方的实践经验表明，风险投资一方面通过对于风险项目的识别、调查、筛选、监督等多种方式，提高创业企业的价值；另一方面，在被投企业上市之后，风险资本退出可以获得投资收益。作为专业的风险投资者，首先要为参与的企业提供资金方面的支持，帮助其解决融资的问题；其次会注重投资之后对于参与企业的监督、管理和培育。风险投资往往会借助其自身的专业能力和积累的丰富资源，为参与企业进行咨询、战略规划等方面的服务，进而提升风险项目的价值，最终实现项目退出、收获高额投资收益。通过这种风险投资和企业家之间的风险共担、利益共享的商业运作模式，实现了资金、技术、管理等的高效结合。

风险投资的学术研究落后于实践的发展，而且多数实证方面的分析有待进一步深入挖掘。直到 2010 年之后局面才有所改观，学者们开始关注风险投资对于市场和企业的影响机制。大部分研究结果表明风险投资对于企业的业绩和经营发展产生影响。基于这一背景和我国的市场环境，本章聚焦风险投资是否能够促进企业绩效、创新和降低风险，并分析其中的作用机制，开展实证研究。

3.1 风险投资与上市公司绩效

3.1.1 文献综述

(1) 事后监督与增值效应

国内外学者关于风险投资对上市公司的业绩影响的研究主要分为两种观点。一部分学者支持事后监督与增值效应，认为风险投资能够有效发挥其基本职能，有利于提升公司的经营绩效。

对于国外的研究成果，Jain 和 Kini (1995) 基于美国上市公司的样本数据，通过实证研究发现：风投支持的企业能显著改善被投资企业的经营业绩。Busenitz 等 (2004) 基于美国 183 个风险投资支持的企业为样本企业进行研究发现：风险投资机构通过在投资合同条款中设计相应的约束条件对被投企业进行监督和激励，进而促进被投企业有效实施战略计划，对企业的持续发展产生积极作用。Brown (2005) 以美国 1980 年至 1989 年上市的 366 家高新技术企业作为实证研究的样本，研究发现风险投资能够给被投资企业的长期业绩带来显著的正向影响。Puri 和 Zarutskie (2012) 跟踪研究了美国 1981—2005 年上市企业的经验数据，研究表明：相较于没有风险投资支持的企业，有风险投资支持的企业在市场规模扩张和新产品开发等方面都具有较明显的优势。

从国内研究结果来看，刘媛媛和黄卓 (2011) 对于企业的盈利能力进行研究，发现风险投资机构可以帮助企业提升盈利能力。不仅如此，风险投资的参与程度越高，对企业的盈利能力改善效果越明显。谈毅和杨晔 (2011) 基于我国深圳中小企业板的上市企业进行实证研究，研究发现：有创业投资支持背景的企业具有更好的长期绩效，这一研究结果表明风险投资机构的监督和增值服务可以有效发挥。此外，蒋健等 (2011) 同样以中小企业板上市企业为样本得出了一致的研究结论，发现风险投资的介入对于被投资企业的发展具有积极作用，企业的业绩提升更快。张学勇等（2011）研究表明与非风险投资支持的企业相比，风险投资参与的企业会获得更高的投资收益；而且，还发现外资背景的风险投资比国内风险投资更能促进上市公司绩效的提高。吴超鹏等（2012）也发现了风险投资对企业有积极影响，风险投资会发挥其监督职能，并且利用声誉资源及关系网络等促进企业的投融资行为。董静和汪江平等（2017）拓展了国内对于风险投资领域的研究，采用理论与实证相结合的方式，从提供增值服务和监督控制两方面研究风险投资对我国创业板和中小板上市企业的影响，结果表明：风投机构会利用其在能力、资源等方面的优势，帮助被投资企业提升绩效，能有效发挥增值效应。乔晗等（2020）通过模糊断点回归的方法进行了内生性调整，实证结果表明风险投资能促进被投资企业的发展，对其业绩改善有显著的正向作用，因此证实了国内风险投资可以有效发挥增值作用。

（2）道德风险理论和逐名动机理论

另一部分学者支持道德风险理论和逐名动机理论，认为风险投资机构参与被投资企业只是为了获得自己的投资收益，其行为具有短视性，对有效改善被投资企业的长期绩效影响有限。根据逐名理论，新成立的风投机构为了证明自己的实力，迅速提升市场声誉，获得有限合伙人的认可，会选择尽可能快地退出投资项目，获得投资收益。风险投资机构会提前推进被投资企业的上市进程，然而这些企业的上市时机尚不成熟，会呈现较差的市场表现，也不利于企业的发展。Hibara 和 Mathew（2004）选取不同的风险投资机构及新兴市场案例进行分析，证明了成立时间较短的风险投资机构更愿意推进被投资企业上市从而获得快速认可，研究结论支持“逐名动机”。

风险投资过程中的各个参与主体之间存在信息不对称，各方都无法了解到所有信息。那么，各方有可能利用自身的信息优势使自己获取更多利益而损害对方的利益。双边道德风险问题会使资金利用效率降低，也可能使双方努力程度降低，进而对被投资企业的业绩和长期发展带来消极效应。

国内外的研究文献对风险投资监督效应的检验，多集中于创新效率、IPO 后股票市场表现、IPO 折价率、财务表现等。有部分学者深入分析风险投资对于被投资企业业绩影响的机制，但都集中在企业股权结构、管理层特征、高管薪酬激励、信息披露质量等角度，这些都是属于风投对企业内部的治理水平改善。现有的研究没有考虑到风险投资的监督渠道之一是引入更多的外部关注和公共监督。

3.1.2 理论基础与研究假设

（1）资源基础假说

Wernerfelt（1984）认为，资源包括有形的和无形的资源，而且是不断流动且多样的，企业可以被看成是一组资源的整合体。Peteraf（1993）、Grant（1999）、Barney（2001）、Penrose（2009）等基于以上研究结论，进一步深入研究和拓展。他们认为，企业在发展过程中要注重提升其核心竞争力。企业竞争力的来源就是不可复制的异质资源。对于中小企业而言，其在发展初期，包括有形资源（如资金等）和无形资源（声誉资源、管理资源等）都非常有限。不仅如此，由于其自身在业界和资本市场的影响力很小，很难通过传统融资渠道解决融资困难。风险投资作为新型融资工具，能够为这些初创期的中小企业提供支持（包括金融性支持与非金融性支持），进而可以使这些企业直接获得更多的资源；不仅如此，风险投资机构能够为其带来广泛的社会网络资源，对企业从外部其他渠道间接获得财务、技术、管理资源等提供认证和中介作用。

风险投资机构在被投资企业 IPO 成功以后，仍存在锁定期需要参与公司的经营管理，对公司后续的成长性和盈利能力等存在较大的影响。根据监督理论，在 VC 投资企业之后，会对被投资企业进行有效的监督。风险投资机构能够促进其所参与的项目企业的发展，对上市后的业绩有显著的积极作用（张学勇和廖理，2011；蒋健等，2011；乔晗，2020）。不仅如此，根据资源基础理论，VC 可以为企业提供金融性支持与非金融性支持，进而可以使这些企业获得更多的财务资源、管理资源（Busenitz et al.，2004）、声誉资源（Clement et al.，2003）及社会网络资源（蔡宁和何星，2015）等，最终可能会提高企业的绩效，有利于企业的长期发展。

（2）市场力量假说

市场力量假说认为，风投机构与市场的多方参与主体之间存在密切的联系，包括分析师、机构投资者等。当风投机构为创业企业提供资金支持的同时，会为其带去这些关系资源，因此会使其参与的企业吸引更多的外部关注。Chemmanur 和 Loutskina（2006）通过研究二级市场的投资情况得出结论：在二级市场投资交易过程中，风险投资机构为被投资企业带来更多的市场力量，可以提升企业在市场中的竞争力和行业地位。风险投资机构的介入能够帮助企业吸引影响力强的承销商及更多的投资者来参与到企业中，同时也可以帮助企业吸引更多的机构投资者参与该企业的二级市场股票交易来提高股票的流动性；不仅如此，还可以帮助企业吸引更多的分析师关注。同时，研究发现二级市场交易中有风投机构参股的上市企业股票涨幅相对更大，而没有风险投资机构参股的企业股票涨幅相对较小，这也反映了二级市场投资者对于风险投资机构的认可和信任，风险投资机构能有效发挥其市场力量。

我国也有学者研究了风险投资机构的市场力量假说。李曜和王秀军（2015）实证研究表明，市场力量理论在我国资本市场成立。VC 可以促进其参与的创业企业吸引优质的承销商和更多的分析师关注，并且也促进更多机构投资者投资该企业。风险投资机构除了能为其投资的企业的发展解决融资困难，而且还具有其他方面的重要作用（Hellmann and Puri，2002）。基于公司治理的角度，其作用机制主要表现在以下两个方面：

首先，风险投资机构有能力参与被投资企业的日常运营与管理，对其有显著的积极影响（王信，1999；谈毅和叶岑，2001；齐邵洲和罗威，2004）。风险投资机构可以对高管激励和公司治理机制产生积极影响（吴超鹏等，2012）。风险投资机构有助于提高独立董事比例（Hochberg，2012）、提高专业董事比例（沈维涛和胡刘芬，2014）、提高高级管理人员持股比例（赵玮和温军，2015）等。因此，风险投资机构会在所投资的企业的董事会中产生较大的积极影响，并且帮助企业制定科学的发展战略（Fried et al.，1998）。由此可见，风险投资机构的参与会帮助企业完善治理结构，以改善企业的长期绩效。

其次，根据市场力量理论，投资者在选择股票进行买卖时往往会受企业质量、股东背景及基本面的影响，风险投资机构投资的企业会引发更多的投资者关注。这是因为 VC 与资本市场的多方主体包括机构投资者及分析师等，有着较为密切的联系，当风险投资机构投资创业企业的时候，会为企业带来这些关系资源，进而使创业企业获得更多的关注（Loutskina et al.，2006；李曜和王秀军，2015）。这就会增加被投资企业在市场上的曝光度，对企业是有效的外部监督。因此，引入更多的外部关注和公共监督是风险投资机构的监督渠道之一。综上可知，风险投资机构可以有效优化被投资企业的公司治理水平，从而有利于企业的业绩改善。基于以上分析，提出以下假设：

H1：风险投资可以促进被投资企业上市后的业绩改善。

H2：风险投资通过提高外部监督来促进公司业绩改善。

3.1.3 实证结果

（1）数据选取

我国具有创新性、高风险的技术企业较多选择在创业板和中小企业板上市，这也是风险投资退出的主要途径之一。结合研究假设、样本可获取性等，研究样本选取了 2006 年至 2016 年创业板和中小企业板上市企业。考虑到风险投资机构作为投资者，根据我国的监管规定，其持有的被投资企业的股份锁定期一般为 1—3 年，结合相关的减持政策，风险投资一般会在被投资企业上市三年内完成股份减持，所以本文选取样本企业上市当年及上市后三年的数据来研究企业上市后的绩效表现。

本章研究过程中没有细致区分 VC 和 PE，将投资于企业上市之前并在企业上市之后退出的 PE 和 VC 资本全部称为风险投资。关于样本数据的筛选过程如下：

根据 Wind 一级行业分类标准，剔除金融企业；

样本选择期内 ST 和 * ST 类、数据缺失、产权不清晰等企业；

为使模型结果更准确，对指标连续型数据进行双侧 1% 缩尾处理。

最终得到的研究样本为 637 家有风险投资支持的企业，加上没有风险投资支持的 568 家企业，共有 1205 家上市企业样本合计 4820 个观测值。风险投资相关信息来自清科数据库，企业财务数据均来自 Wind 及国泰安 CSMAR 数据库。

在样本数据的描述性统计部分，按照样本上市公司所属 Wind 一级行业分类标准统计，得到表 3－1 描述的行业分布情况。本章样本公司主要来自以下 10 个行业。

表 3－1　　研究样本行业分布

行业类别	Total		风险投资支持		非风险投资支持	
	N	%	N	%	N	%
工业	350	29.05	173	27.16	177	31.16
信息技术	314	26.06	199	31.24	115	20.25
材料	191	15.85	93	14.60	98	17.25
可选消费	151	12.53	69	10.83	82	14.44
医疗保健	117	9.71	60	9.42	57	10.04
日常消费	54	4.48	31	4.87	23	4.05
能源	13	1.08	5	0.78	8	1.41
房地产	10	0.83	4	0.63	6	1.06
公用事业	4	0.33	2	0.31	2	0.35
电信服务	1	0.08	1	0.16	0	0.00
总计	1205	100	637	100	568	100

数据来源：CSMAR。

由表 3－1 可知，研究样本中有工业企业 350 家，占比 29.05%，信息技术企业 314 家，占比 26.06%，这两个行业的企业数量最多，共有 664 家企业。风险投资支持背景的企业 637 家，其中工业企业 173 家（27.16%），信息技术企业 199 家（31.24%）；非风险投资支持背景企业 568 家，其中工业企业 177 家（31.16%），信息技术企业 115 家

(20.25%)。从行业分布数量来看，有无风险投资企业的分布较为接近，均是工业和信息技术产业占比最大，其中有风险投资支持的企业在信息技术行业最多，这与风险投资行业的投资风格、偏好及创业板和中小板市场的风格契合。

(2) 变量选取

因变量为企业主营业务收入增长率 $Sales_{nt}$：表示第 n 家上市公司第 t 年的主营业务收入较去年主营业务收入的变化比率，使用该指标可以有效避免企业虚增经营业绩带来的不准确结果。该指标可以衡量企业的经营绩效的变化，表示企业的长期发展变化情况。

是否有风险投资机构支持 VC_{nt}：以企业上市前是否有风投机构支持这一虚拟变量 VC_{nt} 作为解释变量，如果企业在上市前有风投支持，则该变量数值取1；若风投没有在IPO前对企业投资，则取0。关于该指标的获取途径为从清科私募通数据库分批导出并整理了2016年之前成立的机构列表、企业融资列表和投资事件明细表。然后，通过对比和匹配列表，筛选企业是否有风险投资支持。

风险投资有无外资背景 $Foreign_{nt}$：反映风投机构的股权背景，如果有外资背景，则该值取1；否则，取0。关于该指标的获取途径为从清科私募通数据库导出机构投资列表（包括机构名称、投资企业、投资时间等）与机构列表（包括机构名称、股权背景及成立时间等指标），通过匹配得到企业对应的风险投资的股权背景。

控制变量包括：企业规模 $Size_{nt}$、资产负债率 Lev_{nt}、总资产周转率 $Tato_{nt}$、企业性质 $State_{nt}$、销售净利率 Ros_{nt}。董事长是否兼任总经理 $Dual_{nt}$，如果这两个职位由同一人任职，则该项取值为1，否则为0。

主要变量的描述性统计如表3－2所示：

表3－2　　变量描述性统计

变量	观测值	均值	标准差	最小值	最大值
Sales	4820	0.23	0.34	－0.37	1.80
VC	4820	0.12	0.25	0.00	0.86
Foreign	4820	0.05	0.24	0.00	0.39

续表

变量	观测值	均值	标准差	最小值	最大值
Ros	4820	0. 13	0. 12	-0. 53	0. 51
Lev	4820	0. 28	0. 17	0. 02	0. 78
Tato	4820	0. 67	0. 44	0. 12	3. 12
Size	4820	21. 06	1. 26	18. 19	23. 98
Dual	4820	0. 41	0. 49	0. 00	1. 00
State	4820	0. 16	0. 36	0. 00	1. 00

数据来源：CSMAR，Wind。

（3）模型构建

模型设定如下：

$$Sales_{nt} = c_0 + c_1 VC_{nt}/Foreign_{nt} + c_2 Ctrl_{nt} + c_3 Year + c_4 Ind + \varepsilon_{nt} \quad (3-1)$$

其中，*Sales* 为因变量，衡量企业的经营绩效；*VC* 和 *Foreign* 为自变量，反映是否有风险投资或外资风投支持；*Ctrl* 表示模型中影响企业业绩增长的其他控制变量；*Year* 和 *Ind* 分别表示年份和行业的虚拟变量，控制了年份和行业固定效应。

（4）回归结果

模型的回归结果如表 3-3 所示。

表 3-3　　基准回归结果

	Sales	
	(1)	(2)
VC	0. 053***	
	(5. 80)	
Foreign		0. 017**
		(2. 34)
Size	0. 000**	0. 001**
	(1. 98)	(2. 31)
Lev	0. 376***	0. 452***
	(11. 73)	(9. 25)
Ros	0. 638***	0. 632***
	(14. 59)	(10. 23)

续表

	Sales	
	(1)	(2)
Tato	0.142***	0.195***
	(12.63)	(10.12)
State	0.005	-0.033
	(0.40)	(-1.63)
Dual	0.018*	0.014
	(1.81)	(0.97)
Cons	-0.032*	-0.023
	(-1.70)	(-0.81)
Year/Industry	YES	YES
N	4820	4820
R^2	0.196	0.212

注：括号内为 t 值，***、**、* 分别表示在 1%、5% 和 10% 水平上显著。

由表 3-3 的回归结果可以看出，风险投资 *VC* 和外资风投 *Foreign* 的回归系数分别为 0.053 和 0.017，且在 1% 和 5% 的水平上显著大于 0，这表明风险投资机构确实可以为被投资企业带来一定程度的业绩改善，该模型的回归结果支持研究假设。风险投资机构作为专业的投资机构，其积累了很多的行业资源和经验，可以为被投资企业的发展提供较为科学的战略规划，可以为企业提供金融性支持与非金融性支持，并且会对其投资的创业企业进行有效的监督。外资风投凭借其专业能力在中国市场上也发挥了提升绩效作用。因此，风险投资机构能够促进被投资企业的发展，对上市后的经营绩效有正向的影响。

（5）稳健性检验

现回归模型利用的是样本企业上市当年和上市后三年的样本数据，但由于考虑到上市当年的数据可能波动性会比较大，因此用样本企业上市后三年的数据来进行稳健性检验，验证回归结果的准确性和稳健性，如表 3-4 所示。

表 3-4　　稳健性检验

	Sales	
	(1)	(2)
VC	0.060***	
	(5.41)	
Foreign		0.049***
		(4.99)
Size	0.000*	0.000**
	(1.67)	(1.99)
Lev	0.376***	0.378***
	(9.89)	(11.76)
Ros	0.659***	0.643***
	(13.19)	(14.70)
Tato	0.134***	0.142***
	(9.58)	(12.58)
State	0.006	0.002
	(0.40)	(0.34)
Dual	0.022*	0.018*
	(1.91)	(1.93)
Cons	-0.041*	-0.019
	(-1.87)	(-1.04)
Year/Industry	YES	YES
N	4325	4325
R^2	0.193	0.194

注：括号内为 t 值，***、**、* 分别表示在 1%、5% 和 10% 水平上显著。

（6）机制检验

表 3-5 从外部关注角度考察了风险投资和公司绩效关系的影响。*VC* 对于分析师跟踪 *Analyrep* 和研报数量 *Coverage* 的系数显著大于 0，说明 *VC* 的介入会为企业增加分析师关注，增加企业的外部关注和公共监督，从而通过有效改善企业的外部治理水平，形成对公司绩效的正面影响。

表 3-5　　风险投资与外部监督机制

	Analyrep	*Coverage*
	(1)	(2)
VC	0.126***	0.117***
	(3.71)	(4.02)
Size	0.006***	0.005***
	(11.79)	(10.96)
Lev	0.100	-0.172*
	(0.83)	(-1.68)
State	0.015	0.043
	(0.32)	(1.07)
Ros	3.237***	2.762***
	(18.00)	(17.63)
Tato	0.421***	0.426***
	(10.17)	(11.95)
Cons	1.486***	1.253***
	(20.64)	(20.15)
Year/Industry	YES	YES
N	4820	4820
R^2	0.217	0.220

注：括号内为 t 值，***、**、* 分别表示在 1%、5% 和 10% 水平上显著。

3.1.4　研究结论与政策建议

上述实证结果表明，风险投资机构确实可以为被投资企业带来一定程度的业绩改善，风投支持的企业和非风投支持的企业存在显著的业绩差异。除了核心自变量之外，多项控制变量对企业的业绩影响是显著的，因此企业规模、资产结构等都会对企业的业绩表现产生重要影响，会直接反映在企业的营业收入增长率中。

关于风险投资对企业绩效的影响机制，实证结果表明风险投资能够通过提高公司外部治理机制促进公司业绩改善。从外部关注和公共监督角度，风险投资的参与能显著促进分析师跟踪 *Analyrep* 和研报数量 *Coverage*

的增加，增加企业的外部关注和公共监督。由此可见，风险投资机构对于被投资企业业绩的改善可以通过增加被投资企业的外部关注和公共监督这一机制产生。该结论也进一步支持了市场力量假说，风险投资机构的介入能够帮助企业吸引更多的分析师关注。

基于上述研究发现，提出以下两个针对性建议：

一是要加强对于被投资企业的投后管理。一方面，要不断积累风险投资的行业经验和资源，在介入企业之后可以为其提供针对性的帮助。另一方面，要积极发挥风险投资的功能，帮助企业降低信息不对称程度并完善外部治理机制，真正促进企业的高质量发展。

二是要充分发挥其稳定市场发展的职能。鉴于风险投资存在的这一功能，应当促进我国创业企业和风险投资行业的发展，制定政策鼓励行业内的投资行为，为市场发展创造动力和活力；不断完善相关的法律法规，加强对于企业的信息披露，加大对资本市场的监管，努力创造良好的市场环境。从企业看，在风险投资市场寻求资金的同时应更注重发挥风险投资的监督和增值功能，借助风险投资的外部治理功能优化公司的治理体系和治理能力。

3.2　风险投资与中小企业创新

3.2.1　风险投资与企业创新的理论

新一轮科技革命和产业革新正席卷全球，深刻地改变着现有的世界产业竞争格局和国家力量对比。要想在日益复杂严峻的国际竞争环境中取得发展主动权，必须不断提高以科技创新为核心的综合国力，将创新摆在国家战略发展的重要位置。企业作为市场经济的微观主体，亦是我国创新研发投入和创新成果市场化的主力军，因此研究企业的创新能力具有极其重要的意义。风险投资作为我国资本市场十分重要和活跃的经济主体，近些年在机构数量、管理资本和投资数量及金额上都迅猛增加。其往往致力于投资具有高新技术的初创企业，并充分发挥自身在资金、管理、知识经验和社会关系等方面的优势对被投企业进行培育，对企业的长远发展和研发创新活动都存在显著影响。

针对风险投资和企业创新之间的关系，目前主要存在三种不同的理论假说，分别是“筛选论”“培育论”“损害论”。

筛选论认为，相较于其他投资者，风险投资机构具有更强的专业能力，可以有效降低信息的不对称性。在决定投资企业前，风险投资会充分发挥其专业素养，开展全面的信息搜集、建立有效的分析评估框架来辅助决策。所以风险投资一开始就倾向于选择具备更强盈利能力，具有更多研发投入和拥有更好发展前景的企业作为投资对象。在这种情况下，通过风险投资筛选的企业在风险投资进入前，本身就优于那些未通过风险投资筛选的企业。因此，在风险投资进入后，这些企业之所以在创新投入和创新产出上有着更为良好的表现，并非是受风险投资的影响所致，而是由于风险投资凭借其筛选能力将其筛选出来了。简言之，筛选论认为风险投资对企业创新并无显著影响。

培育论认为，风险投资进入企业后，出于双方共同的利益追求，风险投资往往会基于自身专长和所拥有的资源为企业提供各项增值服务并进行有效的监督治理，从而影响企业的经营决策过程，促进企业的创新投入和创新产出的增加。目前来看，基于资源基础理论、公司治理理论和信号传递理论，风险投资主要通过增值服务效应、监督治理效应和信号传递效应实现对被投企业的培育。

其中，风险投资的参与带动了企业在物质、人力和组织资源上的增加，为创新投入活动和创新产出提供了可能。在物质资源上，相较于其他投资者，风险投资往往具备更强的风险容忍度，更关注企业未来的发展可能性和成长性，因此愿意为企业提供长期资金，缓解了企业的外部融资约束。与此同时，风险投资的参与也向市场释放了积极的信号，缓解了企业与外部投资者之间的信息不对称问题，得以帮助企业进一步吸引新资本，降低外部融资成本，为企业开展高投入的研发创新活动提供了较为充足的物质资源。

在人力资源上，风险投资往往具备更多的专业知识储备，拥有更丰富的行业发展经验和关系资本。这些资源通过投资行为转移给被投企业的管理层，使其站在巨人的肩膀上开展经营活动，直接拓宽了管理层的专业、经验和人脉积累，辅助其在行业发展方向、商业模式革新、研发创新决策上做出更为正确的战略选择。同时，风险投资也可以提供更多关于技术、生产、营销及管理各个方面人才招聘的咨询与建议，自上而下提高企业整体的人力资本水平，为企业的研发创新活动提供充足的人才储备。

在组织资源上，风险投资可以帮助企业建立成文化的制度体系和非成文化的企业文化，实现企业内部稳定有序运转。同时，还可以帮助企业构建外部的商业社会关系网络，建立起与产业上下游等外部群体的良好互动关系，为企业的研发活动提供良好的制度及外部环境。

契约治理主要是指在企业所有权与经营权相分离以及信息不对称这一背景前提下，为了降低委托人和代理人之间因为目标利益不一致而导致代理人道德风险所设计的一系列制度安排，主要包括约束和激励两大方面。风险投资一旦进入企业即形成了委托—代理问题，风险投资是委托人，其主要追求被投企业的价值增值并从中获取利润，被投企业的管理者是代理人，自身利益的最大化是其主要追求。在这一情况下，被投企业的管理者可能会凭借自身的信息优势，作出有利于自身但并不利于企业发展的决策。

为了缓解信息不对称下的委托—代理问题，风险投资往往会通过约束和激励两种方式来参与企业治理，从而促进有利于企业长久发展的研发创新活动开展。通过向企业董事会委派能够代表自身利益的董事，或者直接聘任更有经验的管理者来替换原有的管理层等方式，实现对被投企业的约束监督，从而有效提高风险投资在企业决策过程中的影响力，抑制管理层可能的保守主义倾向和过度投资行为，进而促进企业的创新行为；通过建立有效的高管薪酬激励计划，尤其是高管股权激励计划，将主要管理者的利益与公司的成长性相捆绑，使管理者更关注企业未来的长期发展和长期利益，从而更有可能作出提高研发投入的决策，带动创新绩效的增加。

信号传递理论是指为了避免信息不对称情况下的逆向选择，具有信息优势的一方通过某种方式向不具备信息优势的另一方传递信息。寻求风险投资参与的企业往往处于初创期，经营时间较短，经营绩效往往不突出，和外部投资人之间存在严重的信息不对称。而风险投资有着极强的专业能力、信息搜集能力和评估能力，相对来说是具有信息优势的一方，最终可以通过风险投资的严格筛选流程并获得投资的企业，显然是在向市场释放值得投资的积极信号。有风险投资参与的企业可以进一步以较低成本获取外部融资、吸引更多优秀人才、与潜在客户以及供应商等建立起良好关系网络，最终带来企业创新能力的显著提高。

损害论认为，风险投资的参与不仅不能带来被投企业的增值，反而会损害企业利益，最终抑制企业的创新研发行为。在支持损害论的学者看来，风险投资之所以建立严格的企业筛选标准，其主要目的是想分享这些具有潜力的创业企业的发展红利，并在退出时获取丰厚的报酬。所以对于风险投资而言，利益的驱动性是最强的，这就导致只追求短期利益的风险投资并不重视企业的创新行为是否具有长远效益，而只关注创新是否具备眼前利益，因而不利于企业的长久发展和创新行为的持续。此外，风险投资机构往往同时投资于多个创业企业，他们更关注整个投资组合是否可以获得足够的收益，对于投资组合中的特定企业往往并不能给予足够的培育，甚至有可能给予与企业需求不相适配的资源，导致最终给企业带来的是利益损害，也不利于企业后续的研发创新。为此，有必要对风险投资与企业创新的关系开展深入研究，为后续的实践提供理论依据和政策参考。

3.2.2 文献综述与假设

（1）风险投资对企业创新的影响机制

学者认为风险投资参与对企业创新水平具有显著的正向影响，并基于不同的样本给出了具体论证。苟燕楠（2014）基于我国中小板上市企业的数据进行实证研究，得出有风险投资参与的企业，在研发投入和专利数量两方面来看，表现都要好于无风险投资参与的企业的结论。周莉（2020）则以 2015—2018 年新上市的 141 家创业板公司为研究对象，考察得到风险投资参与不仅对企业整体技术创新能力有促进作用，同时还对创新中的突破式创新及渐进式创新均有显著的促进效果。丰若旸（2020）则以 2008—2017 年在新三板上市的小微企业为样本，并使用倾向得分匹配和双重差分进行估计检验，结果表明风险投资的参与可以显著提高小微企业的创新水平。

在这基础上，学者进一步结合不同类型风险投资和被投企业自身的特征展开了细分研究。在风投类型方面主要包括产权特征、持股比例、投资策略、行业地位与声誉四个维度。在企业特征领域，主要涉及行业类型和管理者特质两个层次。

在产权差异方面，风险投资由于其背后主要出资方的不同，大致可以分为政府背景、私营背景和外资背景这三大类。不同产权背景的风险投资机构在设立目的、所拥有的行业资源、筛选行业和企业的机制方法以及投后管理等各方面均存在一定的差异性，继而给被投企业带来的创新水平提升也存在一定的差异，例如唐曼萍（2019）结合 2009—2015 年创业板上市公司的数据指出，政府背景的风险投资没有较大的融资压力，投资的主要目的也是为了社会效益，因而有更强的激励和使命感来提高企业的创新水平，而非仅仅着眼于经济效益。

在持股比例方面，风险投资持股比例的高低不仅反映了资金注入水平的高低，更反映了风险投资对企业决策可能的参与程度。持股比例越高，风险投资就对企业有着越强的决策影响力，从而可以更好地提供有效的非资本增值服务，进一步推动企业开展研发创新活动。许昊（2015）发现随着外资背景的风险投资持股比例提高，企业的研发投入相应就会越高。但也有部分学者例如林木西（2019）认为风险投资持股比例与企业的创新投入呈现出“倒 U 形”特征，只有在风险投资持股比例较低时，风险投资持股比例的增加才能带来创新投入的增加，而在风险投资持股比例达到一定峰值之后，持股比例的增加反而不利于企业创新投入的增加。

在风险投资策略方面，主要针对风险投资的进入时机、持有期以及是否选择联合投资等具体方向作了进一步深入探究。选择在不同时期进入企业的风险投资在投资目的、培育能力以及拥有的资源等各方面均存在一定的差异，故而其对技术与风险的偏好也存在差异。李爽（2017）通过面板数据回归发现风险资本进入的时机越早，对企业创新的激励作用就越大。成立为（2019）也得出了相似的结论，在上市前1年以内进入企业的风险投资，对技术并不存在显著的偏好，所以对企业的创新绩效并无显著的动态影响，然而在上市前较早进入企业的风险投资则相反，对企业的创新绩效存在显著的促进作用。

对于风险投资机构而言，其投资进入企业的目的就是后续可以顺利退出并且获得高额收益。部分风险投资机构为了追逐短期的高收益，会选择推动被投企业的IPO进程并迅速退出，然而相关的被投公司获得发展与创新的时间、资源将受到一定限制。杨胜刚（2017）通过研究表明，风险投资持股这一行为本身并不能影响企业的创新，反而是风险投资的持股时间对被投企业的创新行为有着显著影响，即随着风险投资持股时间的不断增加，企业的创新投入和创新产出都会出现明显的上升。

此外，出于募资、整合行业信息与资源、实现风险分担等多方面的需求，部分风险投资会选择对企业进行联合投资。联合投资的风险投资机构往往具备更强的风险容忍度，也更容易促进企业的研发创新。李九斤（2018）以2011—2016年创业板上市公司的数据进行实证检验，结果显示风险投资机构的联合投资对企业创新确实有着积极的正向影响。

在行业声誉角度，处于行业头部地位和具备良好社会声誉的风险投资往往可以为被投企业提供更好的增值服务，带来创新绩效的提高。杨胜刚（2017）就以中小板和创业板上市公司为研究对象，得出相较于其他风险投资，有声誉的风险投资对企业创新的促进效果更为明显这一结论。

针对企业固有特质，现有学者针对企业所处的行业特征以及所在的发展阶段开展了一系列研究，很多学者研究了不同行业在风险投资介入后的创新绩效变化情况。目前来看，不管是新能源行业（邹璇，2020）、高端装备制造（杨昀，2020）抑或是新材料（王昶，2020），风险投资的参与都会在一定程度上提高企业的创新水平。但是对处于不同发展阶段的企业而言，风险投资参与所带来的创新激励存在差异。王昶（2020）利用 2008—2017 年中国新材料企业面板数据构建模型后发现，对于导入期的新材料企业，风险投资所带来的创新激励效应比较小，而对于成长期和成熟期的企业，风险投资具有较强的技术创新激励。

被投企业主要管理者的相关行业经验，以及其所拥有的股权比例都会对风险投资介入后发挥的效能产生影响。一般来说，自身具备一定行业经验的管理者对风险投资给予的非资本增值服务依赖程度较低，对风险投资给出的经营策略与方向认可度也较低，故而风险投资的参与是否能对企业创新产生正面积极的作用就存在了不确定性。胡永平（2020）发现，企业创始人持股比例越大，就越不愿意承担风险，对于具有高度不确定性的创新行为就会产生不利影响。这也在一定程度上印证了被投企业主要管理者的部分特质会显著影响风险投资介入后效能的发挥。

（2）风险投资对企业创新的影响机制

国内外诸多学者在初步验证了风险投资的参与确实能够显著的提高被投企业的创新水平后，又进一步深入研究风险投资是通过何种传导机制和路径来对企业创新产生影响的。

部分风险投资机构会选择通过派驻董事的方式来实现对被投企业的管理与监督，强化自身在被投企业中的决策影响力，降低信息不对称引致的委托—代理问题。熊家财（2018）就以风险投资派驻董事为机制检验的切入点，发现通过派驻董事这一方式，风险投资能够帮助企业招募更多的高学历员工，从而提高了整个研发创新团队的素质，进而带来企业发明专利的显著增加。

除派驻董事外，部分风险投资会通过改善被投企业的业绩评价及薪酬体系等方式正式介入被投企业的治理。黄福广等（2021）和朱琪（2019）都以高管团队的薪酬激励为切入点，研究其在风险投资促进企业创新中的中介作用，并得到了不甚相同的结论。黄福广等（2021）以创业板上市企业为样本，检验发现在风险投资促进企业创新的过程中，高管的薪酬激励具备完全中介作用，股权激励只具备部分中介作用。而朱琪（2019）选取 A 股样本进行实证分析后发现，风险投资的参与并未能导致薪酬水平差距从而促进企业研发创新的投入，相反，有风险投资参与的企业实施股权激励后会显著影响企业的创新投入。

此外，还有很多学者从风险投资参与带来的资金增加效应入手展开研究。齐绍洲（2017）和张凯歌（2020）等都通过一定的机制检验，证实了风险投资参与通过直接提供长期资金和降低外部融资约束的方式为企业的研发活动提供更多的资本。

（3）风险投资基金管理人与企业创新

目前，关于风险投资和企业创新的研究文献多数集中在探讨风险投资的参与是否可以带来企业创新绩效的提高，并进一步从风险投资机构的异质性和被投企业的异质性两大角度入手展开深入研究。现阶段以风险投资机构异质性为主要切入点的研究中，多数将风险投资机构视作一个整体，考察其产权性质、持股比例、投资策略、行业地位及业内声誉对被投企业的创新绩效影响，较少有学者将关注点放在风险投资基金管理人这一微观个体上，讨论基金管理人专业背景的差异对被投企业创新绩效的影响。事实上，基金管理人的专业背景、知识背景及在从业过程中形成的经验背景，都会影响其后续的决策过程与风险偏好情况。万良勇等（2023）发现如果高管具有投资银行背景，会影响公司参与设立投资基金，这为高管职业背景对风险投资活动的影响提供了证据。

综上所述，现阶段关于风险投资机构异质性的相关文献多数以风险投资的产权特征、投资策略、行业地位及行业声誉等作为切入点展开，基本上没有文献从风险投资基金管理人这一微观个体出发，考虑其专业背景的差异是否会给被投企业的企业创新带来不同影响。本章在考察风险投资的参与可以在一定程度上提高企业的创新水平后，进一步以风险投资基金管理人有无理工类教育背景或高科技从业经历作为切入点进行考察。具体来说，以在我国深圳中小板上市的企业为研究样本，研究风险投资参与以及风险投资基金管理人专业背景对被投企业创新水平的影响。在系统梳理了风险投资对企业创新的增值服务效应、监督治理效应以及信号传递效应后，分别构建了以有无风险投资参与和风险投资基金管理人有无理工类教育背景或高科技从业经历为核心解释变量的回归模型展开实证分析。据此提出研究假设：

H1：风险投资的参与会提高企业的创新水平。

H2：风险投资基金管理人背景差异对企业创新产生不同影响。

3.2.3　实证结果

（1）数据选取

选取 2010—2017 年在我国深圳中小板上市的企业作为研究样本。选择中小板上市的企业主要是因为：相较于主板而言，中小板企业多数处于成长期，融资需求高，自主创新意识强，更符合研究需求；相较于创业板而言，中小板设立的时间较早，上市条件比较严格，所以在数据的可获得性和稳定性程度都相对较高。财务指标来源于 Wind 数据库，企业的创新产出指标包括当年专利申请情况和当年专利授权情况均来源于国泰安 CSMAR 数据库，核心解释变量“是否有风险投资参与”的识别主要利用清科私募通（PEdata）数据库来辅助进行判断，“是否有专业背景”的识别主要利用企查查软件和清科私募通（PEdata）来辅助进行判断，中介变量“是否委派董事”及“高管股权激励”主要使用巨潮资讯网中企业公布的历年年报进行人工识别。

为了确保实证检验过程和回归结果的稳健性，对样本数据进行了一定的筛选与处理：（1）剔除了金融类上市企业的相关数据；（2）剔除了在样本期内被标注为 ST 和 ST* 以及退市的上市企业；（3）剔除了财务指标有异常和重要变量有数据缺失的样本；（4）对所有连续变量均进行了 1% 和 99% 分位的缩尾处理以避免极端值对回归结果的影响。经过一系列数据处理后最终获得了 3712 个观测值，其中有风险投资参与的有 944 个观测值，没有风险投资参与的有 2768 个观测值。

（2）变量选取

鉴于主要内容是风险投资参与对企业创新的影响，故而对被投企业创新水平的衡量是被解释变量。对既往关于企业创新的文章进行梳理后可以发现，多数学者对企业创新水平的衡量主要从企业创新投入和企业创新产出两个方面入手展开的，所以本章综合选取了企业创新投入和产出两方面的指标来对企业创新进行综合评估。

企业创新投入相关指标。研发投入（*RD*）：创新行为具有高投入和高不确定性特征，研发投入高表明企业正在进行积极的研发活动，更有可能提高企业整体的创新水平和实力。参照崔静静（2020）的做法，使用企业当期研发投入的对数作为企业创新投入的衡量指标之一。研发人员（*TECHNI*）：研发人员是企业研发创新行为的主要承担者，所以研发人员的多少可以在一定程度上反映出企业在研发创新上的努力程度。使用企业当年研发人员的数量作为企业创新的衡量指标之一，并且同样作取对数处理。研发强度（*RDINTE*）：由企业当年研发投入除以营业收入计算所得，作为研发投入的相对指标，被许多学者如苟燕楠（2014）、许昊（2015）所采用，故也采用研发投入强度这一指标作为被解释变量。

企业创新产出相关指标。现阶段多数学者主要选用专利数量这一指标来衡量企业的创新产出水平，故选取企业当年的专利申请数量（*APPLY*）和当年的专利授权数量（*APPLYGRANT*）来作为衡量指标。在数据口径上，上市企业子公司的专利数量也被纳入其中，并且按照张凯歌（2020）的做法取了对数。

核心解释变量。研究主要是想解决两个问题：一个是风险投资参与是否可以显著提高企业的创新水平，另一个是风险投资关键人士的专业背景差异是否及如何影响企业的创新水平。因此，本章的核心解释变量主要是以下两个：（1）是否有风险投资参与（*VC*）。对企业前十大股东进行识别，若前十大股东里有风险投资，则该项取1，若前十大股东里没有风险投资，则该项取0。由于在实际业务操作中，风险投资和私募股权投资两者之间并没有明晰的界限，二者的投资阶段往往也存在交叉，所以将这两类都视为本章研究中所指的风险投资。具体的识别流程为，如果前十大股东名称内含有“风险投资”“创业投资”“科技投资”“创新投资”等类似表述，或者在清科私募通数据库（*PEdata*）中被标注为风险投资或者PE，就认定该企业有风险投资的参与。（2）风险投资基金管理人是否具备专业背景（*VCBACK*）。如果风险投资基金管理人有理工类专业教育背景或者有过高科技相关从业经历，则该项取1；若是没有上述经历，则取0。有理工类专业教育背景或者有过高科技相关从业经历的基金管理人通常具有更高的风险容忍度，会对企业的技术研发行为给予更多的重视；同时，这些基金管理人的专业背景也使他们对创新产品的市场前景、竞争力等方面有更为专业的判断，拥有更多的行业内相关资源，可以更好地实现对被投企业的培育。具体的识别流程为，在清科私募通、企查查软件对风险投资及其高管人员的信息进行检索，针对组织形式为有限合伙制的风险投资，如果其执行事务合伙人或普通合伙人中的主要负责人具备理工类专业教育背景或者有过高科技从业经历，则该项取1；针对组织形式为公司制的风险投资，如果其董事长或总经理具备有相关背景，则该项也取1。

中介变量。是否委派董事（*DIR*）：风险投资可以通过委派代表自身利益的董事来实现对被投企业的约束监督。若风险投资机构向企业派驻了董事，则该项取1；若无，则该项取0。高管现金薪酬激励（*SAL*）：高管的现金薪酬是高管薪酬激励计划的重要部分，本章参照黄福广等（2021）的做法，对薪酬最高的前三名高管人员的薪酬总数取对数，作为高管现金薪酬激励的衡量指标。高管股权激励（*STO*）：高管股权激励是高管薪酬激励计划的另一重要部分。若企业当年对高管实行了股权激励，则该项取1；若无，则该项取0。

控制变量。企业的创新水平受诸多因素的影响，借鉴先前研究者的研究成果，选定了企业规模（*SIZE*）、资产负债率（*LEV*）、企业年龄（*AGE*）、企业成长率（*GROW*）和资产收益率（*ROA*）作为本章的控制变量。主要变量描述见表3－6。

表3－6　　主要变量

变量类型	变量名称	变量符号	变量具体说明
被解释变量	研发投入	*RD*	Ln（1＋研发投入）
	研发人员	*TECHNI*	Ln（1＋研发人员数量）
	研发强度	*RDINTE*	研发投入/营业收入
	专利申请量	*APPLY*	Ln（1＋专利申请量）
	专利授权量	*APPLYGRANT*	Ln（1＋专利授权量）

续表

变量类型	变量名称	变量符号	变量具体说明
解释变量	是否有风险投资参与	VC	企业前十大股东里有风险投资，则取1；若无，则取0
	风险投资基金管理人是否有专业背景	VCBACK	风险投资基金管理人有理工科专业教育背景或高科技行业从业经历，则取1；若无，则取0
中介变量	是否派驻董事	DIR	若是，则该项取1；若否，则该项取0
	高管现金薪酬激励	SAL	薪酬前三名的高管人员薪酬总数取对数
	高管股权激励	STO	若当年对高管实行了股权激励，则取1；若无，则取0
控制变量	企业规模	SIZE	企业总资产的对数
	资产负债率	LEV	总负债/总资产
	企业年龄	AGE	年份 - 企业成立时间
	企业成长率	GROW	（期末总资产 - 期初总资产）/期初总资产
	资产收益率	ROA	净利润/总资产

（3）模型构建

为检验风险投资的参与对企业创新的影响，本章构建如下模型：

$$INNO_{it} = \beta_0 + \beta_1 VC_{it} + \beta_2 SIZE_{it} + \beta_3 LEV_{it} + \beta_4 AGE_{it} + \beta_5 GROW_{it} + \beta_6 ROA_{it} + \beta_7 IND_{it} + \beta_8 YEAR_{it} + \varepsilon \quad (3-2)$$

为检验风险投资基金管理人有无专业背景对企业创新的影响，本章进一步构建了如下模型：

$$INNO_{it} = \beta_0 + \beta_1 VCBACK_{it} + \beta_2 SIZE_{it} + \beta_3 LEV_{it} + \beta_4 AGE_{it} + \beta_5 GROW_{it} + \beta_6 ROA_{it} + \beta_7 IND_{it} + \beta_8 YEAR_{it} + \varepsilon \quad (3-3)$$

用选定的五个指标依次带入$INNO_{it}$进行分析，并且控制行业效应和年份效应。在企业创新水平的五个指标中，衡量企业创新产出水平的专利申请量和专利授权量在一定程度上更能真实地反映出企业的创新水平高低，也是企业不断提高创新投入想实现的目标。所以在检验完毕风险投资基金管理人有无专业背景对企业创新的影响后，本章以专利申请量和专利授权量为被解释变量，构建了中介效应模型，对风险投资基金管理人背景影响企业创新的机制进行初步的验证。

$$M_{it} = a_0 + a_1 VCBACK_{it} + a_2 SIZE_{it} + a_3 LEV_{it} + a_4 AGE_{it} + a_5 GROW_{it} + a_6 ROA_{it} + \varepsilon \quad (3-4)$$

$$INNO_{it} = c_0 + c_1 VCBACK_{it} + b_1 M_{it} + c_2 SIZE_{it} + c_3 LEV_{it} + c_4 AGE_{it} + c_5 GROW_{it} + c_6 ROA_{it} + \varepsilon \quad (3-5)$$

（4）描述性统计

表 3－7 展示了主要变量描述性统计分析的结果。在所选取的 3712 个样本中，仅有 25.4% 的样本中有风险投资的参与，可见有风险投资参与的样本在总样本中相对较少。在有风险投资参与的样本中，风险投资基金管理人有专业背景的达 56%，占比相对较高。在主要的被解释变量中，相对来说，研发投入和研发人员的样本间差异较小，最大值和最小值的差距都在 3 倍以内，标准差也相对较小；而研发强度、专利申请数和专利授权数的样本间差异较大，最大值和最小值的差距都在 10 倍左右或者以上，标准差也相对较大。其他中介变量和控制变量的描述性统计结果也都已在表中呈现。

表 3－7　　变量描述性统计

变量	观测值	均值	标准差	最小值	最大值
RD	3712	8.5454	1.0743	5.5845	11.3023
TECHNI	3712	5.7976	0.9874	3.6376	8.5819
RDINTE	3712	0.0469	0.0382	0.0011	0.2405
APPLY	3712	3.1842	1.2358	0.6931	6.4441
APPLYGRANT	3712	2.8298	1.3007	0	6.1312
VC	3712	0.2543	0.4355	0	1
VCBACK	890	0.5607	0.4966	0	1
DIR	890	0.3888	2.1257	0	1
SAL	890	14.2612	0.6379	12.758	15.8931
STO	890	0.2202	0.4146	0	1
SIZE	3712	12.5130	0.8353	10.9524	14.8529

续表

变量	观测值	均值	标准差	最小值	最大值
LEV	3712	0.3486	0.1767	0.0439	0.7792
AGE	3712	16.2611	5.1332	7	25
GROW	3712	0.2333	0.3462	-0.1798	2.0842
ROA	3712	0.0684	0.0543	-0.0898	0.2423

在对主要变量进行描述性统计的基础上，本章进一步以有无风险投资参与作为分组依据，将样本分为有风险投资参与和无风险投资参与两组，对其被解释变量进行均值 t 检验，结果如表 3-8 所示。

表 3-8　风险投资参与与否情况下创新投入及产出的均值 t 检验

变量	有风险投资参与		无风险投资参与		均值 t 检验结果
	样本数	均值	样本数	均值	
RD	944	8.5977	2768	8.5276	0.0701*
TECHNI	944	5.8898	2768	5.7661	0.1237***
RDINTE	944	0.0499	2768	0.0459	0.0040***
APPPLY	944	3.3049	2768	3.1431	0.1618***
APPLYGRANT	944	2.9358	2768	2.7937	0.1421***

在创新投入层面，有风险投资参与的样本在研发投入、研发人员数量和研发强度这三个指标上的均值都显著大于无风险投资参与的样本，并且这一差异分别在 10% 和 1% 水平上显著。在创新产出层面，有风险投资参与的样本所拥有的专利申请数量和专利授权数量也都高于无风险投资参与的样本，并且这一差异都在 1% 水平上显著。通过均值 t 检验，可以发现无论是在创新投入还是在创新产出上，有风险投资参与的企业均值都显著高于无风险投资参与的企业均值，初步验证了风险投资的参与可以带来企业创新水平的提高。

为进一步探究风险投资基金管理人专业背景这一异质性对企业创新的影响，研究进一步在有风险投资参与的样本中，以风险投资基金管理人有无专业背景作为分组依据，将样本分为风险投资基金管理人有专业背景和风险投资基金管理人无专业背景两组进行均值 t 检验，检验结果如表 3-9

所示。

表 3－9　基金管理人有无专业背景情况下创新投入及产出的均值 t 检验

变量	有专业背景		无专业背景		均值 t 检验结果
	样本数	均值	样本数	均值	
RD	499	8.7462	391	8.3636	0.3826 ***
TECHNI	499	6.0629	391	5.6459	0.417 ***
RDINTE	499	0.0549	391	0.0423	0.0126 ***
APPPLY	499	3.5109	391	3.0572	0.4537 ***
APPLYGRANT	499	3.1382	391	2.7002	0.438 ***

风险投资基金管理人有专业背景的一组无论是在创新投入的三个指标上，还是在创新产出的两个指标上均值都高于无专业背景的一组，且这一差异都在 1% 水平上显著。这说明在有风险投资参与的样本内，风险投资基金管理人有专业背景这一特性可以带来企业创新水平的进一步提高。

（5）结果分析

风险投资参与对企业创新影响的回归分析中，以企业创新为被解释变量，以是否有风险投资参与为核心解释变量进行多元回归。通过 Hausman 检验发现，无论采用企业创新的哪个被解释变量，检验结果均显示 p 值小于 0.05，故均采用固定效应模型来进行回归分析，并且在回归过程中控制了行业效应和年份效应。最终回归结果如表 3－10 所示：

表 3－10　风险投资参与与企业创新的回归结果

变量	*RD*	*TECHNI*	*RDINTE*	*APPLY*	*APPLYGRANT*
VC	0.1143 ***	0.0459 **	0.0035 ***	0.0043	0.0218
	(4.97)	(2.3)	(3.59)	(0.11)	(0.612)
SIZE	0.7439 ***	0.6677 ***	0. 0012	0.6887 ***	0.5757 ***
	(28.03)	(28.98)	(1.06)	(15.60)	(11.6)
LEV	0.3307 ***	0.2184 ***	－0. 0124 ***	－0.0751	－0.0559
	(4.97)	(2.86)	(－3.29)	(－0.51)	(－0.34)
AGE	－0.0217	0.0145	－0.0009	－0.0227	－0.0416
	(－0.71)	(0.55)	(－0.66)	(－0.45)	(－0.73)

续表

变量	RD	TECHNI	RDINTE	APPLY	APPLYGRANT
GROW	-0.2394***	-0.0958***	0.0010	-0.1691***	-0.1178***
	(-10.10)	(-4.66)	(1.03)	(-4.29)	(-2.66)
ROA	1.5868***	0.3891**	-0.0785***	0.3684	0.1540
	(7.98)	(2.26)	(-9.20)	(0.265)	(0.41)
CONS	-1.1709*	-3.2203***	0.0398	-5.8332***	-3.9705***
	(-1.85)	(-5.87)	(0.143)	(5.55)	(-3.36)
YEAR/IND	YES	YES	YES	YES	YES
N	3712	3712	3712	3712	3712
F	17.99	25.45	22.27	12.02	10.80
P	0.0000	0.0000	0.0000	0.0000	0.0000

注：括号内为 t 值，***、**、*分别表示在 1%、5%和 10%水平上显著。

从企业创新投入和企业创新产出两个层次选定的 5 个被解释变量回归的 F 统计量分别为 17.99、25.45、22.27、12.02 和 10.80，且都在 1%水平上显著，说明整体来看模型是有效的。

进一步对核心解释变量的回归结果展开分析。企业创新投入层面，在分别以研发投入、研发人员数量和研发强度为被解释变量构建的 3 个模型中，核心解释变量风险投资的回归系数分别为 0.1143、0.0459 和 0.0035，均为正且分别在 1%、5%和 1%水平上显著，这说明风险投资的参与对企业研发投入的绝对数、相对数及研发人员的数量都呈现出了积极的正向影响，契合了诸多学者支持的风险投资培育论。综合三个模型的回归结果来看，风险投资的参与显著提高了企业创新投入的水平。

而在企业创新产出层面，以专利申请数量和专利授权量为被解释变量的两个模型回归结果中，核心解释变量风险投资的回归系数分别为 0.0043 和 0.0218，均为正数，但是结果并不显著。这在一定程度上说明风险投资的参与并没有显著提高企业的创新产出水平。细究其背后原因，可能是因为：（1）企业创新本身是具有高度不确定性的活动，从企业投入各方面的资源开展研发活动到最终实现创新产出的这一过程需要较长时间，所以风险投资的参与可能可以在较短时间内带来企业创新投入水平的快速提高，却无法在短时间内实现创新产出的迅速增加；（2）我国专利法规定，发明专利初审通过后，需自申请日起满 18 个月方可公开，实用新型和外观设计专利需授权后方可公开。所以国泰安数据库内获取的专利申请数量和专利授权数量可能存在一定的滞后性，导致了回归结果的不显著。

其次是控制变量的回归结果分析。企业规模（*SIZE*）对大部分创新投入和创新产出指标呈现积极的正向影响，表明通常来说，企业的规模越大，企业的创新水平越高；资产负债率（*LEV*）显著地增加了企业的研发投入和研发数量，显著地降低了企业的研发强度，但和创新产出之间不存在显著的相关关系；企业年龄（*AGE*）的回归结果均不显著，表明企业年龄的长短与创新情况之间并不存在必然联系；企业成长性（*GROW*）对大多数企业创新投入产出指标呈现出显著的负相关，这可能是由于本文所选用的企业成长性指标是由企业总资产的增长率计算所得导致，企业在创新投入及产出的增长速度上慢于企业总资产的增长速度；资产收益率（*ROA*）只与企业创新投入的 3 个指标之间存在显著的相关关系，其中对企业研发投入和研发人员数量都存在显著的正向影响，对研发强度存在显著的负向影响。

风险投资基金管理人背景对企业创新影响的回归分析聚焦有风险投资参与的样本，进一步以企业创新作为被解释变量，以风险投资基金管理人有无专业背景作为核心解释变量进行多元回归分析。经 Hausman 检验，p 值均小于 0.05，故均采用固定效应模型进行回归，并且在回归过程中控制行业效应和年份效应。

从表 3－11 中可以看到，构建的 5 个模型 F 统计量分别为 15.39、15.86、15.56、8.42 和 7.11，且都在 1% 水平上显著，所以整体来看，回归的结果还是有效的。进一步对核心解释变量风险投资基金管理人有无专业背景的回归结果进行展开分析。

表 3－11　　风险投资基金管理人背景与企业创新的回归结果

变量	*RD*	*TECHNI*	*RDINTE*	*APPLY*	*APPLYGRANT*
VCBACK	0.0189	－0.0264	0.0018	0.3309 **	0.4226 ***
	(0.25)	(－0.38)	(0.50)	(2.40)	(2.70)

续表

变量	*RD*	*TECHNI*	*RDINTE*	*APPLY*	*APPLYGRANT*
SIZE	0.7571***	0.6458***	0.0006	1.0268***	0.9234***
	(13.61)	(12.31)	(0.21)	(9.98)	(7.91)
LEV	0.4230**	0.3522**	0.0129	-0.5116	-0.3103
	(2.25)	(1.98)	(1.38)	(-1.47)	(-0.79)
AGE	-0.1585**	-0.0529	7.99e-06	0.1155	0.0589
	(-2.26)	(-0.8)	(0.00)	(0.89)	(0.40)
GROW	-0.1024***	0.0333	0.0064***	-0.1776***	-0.1837**
	(-2.98)	(1.03)	(3.74)	(-2.80)	(-2.55)
ROA	1.4943***	-0.1839	-0.0597***	2.9781***	2.7507***
	(3.39)	(-0.44)	(-2.74)	(3.65)	(2.98)
CONS	0.7167	-1.6615	0.0333	-11.2467***	-9.5276***
	(0.61)	(-1.50)	(0.57)	(-5.17)	(-3.86)
YEAR/IND	YES	YES	YES	YES	YES
N	890	890	890	890	890
F	15.39	15.86	15.56	8.42	7.11
P	0.0000	0.0000	0.0000	0.0000	0.0000

注：括号内为 t 值，***、**、*分别表示在 1%、5%和 10%水平上显著。

企业创新产出层面，在分别以专利申请数量和专利授权量为被解释变量构建的 2 个模型中，核心解释变量风险投资基金管理人专业背景的回归系数分别为 0.3309 和 0.4226，均为正且分别在 5%和 1%水平上显著。这说明在风险投资过程中，若风险投资基金管理人具备有专业背景，会对被投企业的创新水平产生十分积极的影响。

而在创新投入层面，以研发投入、研发人员数量和研发强度为被解释变量的 3 个模型中，回归系数分别为 0.0189、-0.0264 和 0.0018，结果均不显著，表明了风险投资基金管理人有无专业背景和企业创新上的投入之间并不存在显著的相关性。对出现这一回归结果的原因进行分析，可能是因为本轮回归所采用的样本为有风险投资参与的样本，风险投资的参与本身就显著地提高了企业的创新投入水平，所以无论风险投资基金管理人有无专业背景，企业的创新投入水平的显著差异并不大。而关于为何风险投资基金管理人有专业背景能给企业的创新产出带来积极的正向影响，可能是因为相较于没有专业背景的基金管理人而言，有专业背景的基金管理人拥有更多的行业知识与经验，拥有同领域更强的人脉和社会关系网络，对创新的方向和市场竞争力有更好的理解，从而更好且更快地帮助被投企业实现了创新从初期投入到最终产出的跨越。

其次是对控制变量的回归结果进行分析。企业规模（*SIZE*）对所有创新投入和创新产出的回归系数均为正数，且大部分均在1%水平上显著，印证了上一部分的回归结果，即企业规模越大，企业的创新水平越高；资产负债率（*LEV*）只对研发投入和研发人员数量这两项产生了显著的正向影响；企业年龄（*AGE*）只对研发投入这项指标呈现出了显著的负相关关系，说明在有风险投资的企业中，随着企业年龄的增加，研发投入会逐渐下降；企业的成长性指标（*GROW*）对企业的研发投入、专利申请量和专利授权量都有显著的消极影响，对企业的研发强度有着显著的积极影响，表明在风险投资参与时，企业资产的增加并不一定会带来企业创新上的增加；资产收益率（*ROA*）和企业的研发投入、专利申请量及专利授权量之间为正相关关系，表明大体上来看，资产收益率越高，企业的创新水平也会随着提高。

风险投资基金管理人背景对企业创新影响的中介效应检验通过构建中介效应模型，检验了风险投资基金管理人有无专业背景对企业创新产出水平的几种潜在影响机制。表3－12和表3－13均为使用sg mediation命令进行中介效应检验的结果，同时也利用了bootstrap检验来进一步验证中介效应是否存在。

表3－12　风险投资基金管理人背景对创新产出的机制检验结果（1）

变量	*APPLY*			
	(1)	(2)	(3)	(4)
VCBACK	0.2784***	0.4192***	0.3689***	0.3866***
	(3.68)	(5.31)	(4.74)	(4.97)
RD	0.4220***			
	(9.22)			
DIR		−0.0706		
		(−0.87)		

续表

变量	APPLY			
	(1)	(2)	(3)	(4)
SAL			0.2599***	
			(3.72)	
STO				0.2737***
				(2.94)
CONS	-2.9330***	-3.6754***	-6.3154***	-3.6539***
	(-5.03)	(-5.96)	(-6.97)	(-6.07)
N	890	890	890	890
Sobel Z	4.774***	-0.8593	2.706***	1.975**
Sobel Z-P 值	1.802e-06	0.3902	0.0068	0.0482
Goodman-1 Z	4.754***	-0.8449	2.661***	1.916*
Goodman-1 Z-P 值	1.994e-06	0.3981	0.0078	0.0554
Goodman-2 Z	4.795***	-0.8745	2.754***	2.041**
Goodman-2 Z-P 值	1.626e-06	0.3818	0.0059	0.0412
中介效应占比	0.3161	-0.0298	0.0937	0.0502
Bootstrap 检验	[0.1391 -0.4176]	[0.2834 -0.5549]	[0.2173 -0.5205]	[0.2416 -0.5315]

注：括号内为 t 值，***、**、* 分别表示在 1%、5% 和 10% 水平上显著。

表 3-13　风险投资基金管理人背景对创新产出的机制检验结果（2）

变量	APPLYGRANT			
	(1)	(2)	(3)	(4)
VCBACK	0.2952***	0.3995***	0.3757***	0.3785***
	(3.59)	(4.75)	(4.51)	(4.57)
RD	0.3252***			
	(6.53)			
DIR		-0.0300		
		(-0.35)		
SAL			0.1276*	
			(1.70)	
STO				0.2125**
				(2.14)

续表

变量	*APPLYGRANT*			
	(1)	(2)	(3)	(4)
CONS	-1.6979*** (-2.68)	-2.3090*** (-3.52)	-3.5969*** (-3.71)	-2.2525*** (-3.51)
N	890	890	890	890
Sobel Z	4.243***	-0.3481	1.565	1.67*
Sobel Z-P 值	0.00002	0.7278	0.1177	0.0949
Goodman-1 Z	4.215***	-0.3421	1.524	1.603
Goodman-1 Z-P 值	0.00002	0.7323	0.1275	0.1089
Goodman-2 Z	4.272***	-0.3544	1.609	1.746*
Goodman-2 Z-P 值	0.00001	0.7231	0.1077	0.0808
中介效应占比	0.2514	-0.0131	0.0474	0.0402
Bootstrap 检验	[0.1394-0.4511]	[0.2339-0.5652]	[0.2067-0.5446]	[0.2139-0.5431]

注：括号内为 t 值，***、**、* 分别表示在 1%、5% 和 10% 水平上显著。

从上述两表的检验结果可以看出，在以研发投入作为中介变量的 2 个模型中，Sobel 检验的 p 值分别为 1.802e-06 和 0.00002，均在 1% 水平上拒绝原假设，证实了该中介效应的存在，即有专业背景的风险投资基金管理人促进研发产出的增加，实现被投企业创新水平的实质性提高。Bootstrap 的检验结果给予了辅证。

在对监督治理效应进行中介效应检验的几个模型中：以是否派驻董事为中介变量的 2 个模型 Sobel 检验的 p 值均大于 0.1，不能拒绝原假设，说明该中介效应并不存在；以高管现金薪酬激励为中介变量的 2 个模型中，被解释变量为专利申请数量的模型 Sobel 检验 p 值为 0.0068，在 1% 水平上拒绝了原假设，而被解释变量为专利授权数量的模型 Sobel 检验 p 值为 0.1177，不能拒绝原假设，说明基金管理人有专业背景的风险投资通过对被投企业实行有效的高管薪酬激励计划，可以显著地增加企业的专利申请数量，但对专利授权数量的影响并不显著；在以是否实行高管股权激励为中介变量的 2 个模型中，其 Sobel 检验的 p 值为 0.0482 和 0.0949，前者在

5%水平上显著，后者在10%水平上显著，整体上支持通过实行有效的股权激励计划，可以实现被投企业创新产出水平的提高。综合来看，基金管理人有专业背景的风险投资通过向被投企业提供增值服务和进行激励，可以有效地提高企业的创新产出水平。

（6）稳健性检验

在模型构建中，针对创新投入和创新产出这两个指标，均采用多个变量进行衡量，并且同一指标用多个变量分别进行回归的结果具有较高的一致性，也一定程度说明了模型的稳健性。使用PSM倾向匹配评分的方式，对样本数据匹配并重新回归，回归结果和基准回归模型基本保持一致，也可据此推定研究结论具有稳健性。

3.2.4 研究和政策建议

以2010—2017年在我国深圳中小板上市的企业为研究样本，研究风险投资参与及风险投资基金管理人专业背景对被投企业创新水平的影响。在系统梳理了风险投资对企业创新的增值服务效应、监督治理效应及信号传递效应后，分别构建了以有无风险投资参与和风险投资基金管理人有无理工类教育背景或高科技从业经历为核心解释变量的回归模型展开实证分析，最终得出以下结论：

（1）风险投资的参与会显著提高企业的创新投入水平，但对企业的创新产出水平并无显著影响。具体来说，风险投资的参与促进了企业研发投入、研发人员数量上的增加，带动了企业研发强度的提高，从资金和人力资源两方面实现了对被投企业的培育。但与此同时，风险投资的参与并未实现企业专利申请量和专利授权量的增加，导致此结果的原因可能有两个，一是企业创新本身周期较长，不确定性较高，从最初的创新投入到实现最终的创新产出存在时滞；二是受我国专利法限制，从专利的申请到专利申请相关数据的公开也存在时滞。

（2）在有风险投资参与的样本内部，风险投资基金管理人具有理工类教育背景或者有高科技从业经历会对企业的创新产出水平带来积极的正向影响，但和企业的创新投入之间并无显著关联。具体来看，风险投资基金管理人具有专业背景会显著增加企业的专利申请数量和专利授权数量，这可能是因为具备专业背景的风险投资基金管理人拥有更多行业知识与经验，拥有同领域更强的人脉关系与社会关系网络，对创新的方向和产品的竞争力有更好的理解，这些潜在的资源更好地促成了企业创新投入到创新产出的转化。与此同时，风险投资基金管理人的专业背景对企业的研发投入、研发人员数量和研发强度均无显著影响，可能是因为该部分选用了有风险投资参与的样本所致。

（3）基金管理人具有理工类教育背景或者有过高科技从业经历的风险投资机构，通过增值服务效应和激励效应来促进被投企业创新产出水平的显著提高。具体来看，其通过有效的高管现金薪酬激励和股权激励来实现对企业的约束与激励，从而促进企业创新产出的增加。

据此提出政策建议如下：

一是从国家层面来看，应当积极促进风险投资的发展。实证研究结果显示，风险投资的参与可以促进企业创新水平的提高，而创新驱动发展也是我国现阶段的重要发展战略。立足于此背景，国家应该积极出台相关的政策法规、提供税收优惠政策，促成更多风险投资机构的设立，保证其在资本市场上的活跃性和投资的积极性。此外，国家和政府也可以作为背后的出资人，设立更多具有政府背景的风险投资机构，有针对性地投资国家重点发展产业，从而推动重点产业的技术升级。与此同时，还应不断建设并完善我国的资本市场体系，建立健全相关交易法规及条例，为风险投资的后续退出铺设一条更为顺畅的道路。

二是从风险投资层面来看，应当不断提高基金管理人的专业素养。研究结果显示当风险投资基金管理人具备有理工类教育背景或者有高科技从业经历时，对企业的创新产出会具有积极的影响。因此，风险投资机构可以通过外部招聘，积极引进具有此专业背景的人才，补充现有的人才队伍。同时，这也启发风险投资机构基金管理人，在筛选投资项目时，应从自身专业背景出发，选择自己团队更为熟悉及拥有更多行业资源的领域，这样培育之时往往可以达到事半功倍的效果。

三是从企业层面来看，不应盲目接受风险投资的投资，而应基于自身所处行业对风险投资进行筛选。风险投资和企业之间本身就存在双向选择的关系，故而企业在接受风险投资时，也应建立一套针对风险投资机构的评估框架，从中选择最契合企业所处行业、所在的发展阶段并且能够给予企业目前所需资源的风险投资机构。

3.3 风险投资与股价崩盘风险

3.3.1 文献综述和研究假设

党的十九届五中全会审议通过的《中共中央关于制定国民经济和社会发展第十四个五年规划和二〇三五年远景目标的建议》，对风险防控问题作出重大战略安排，要求"增强机遇意识和风险意识"，坚持系统观念，规范化解重大风险挑战。从风险投资的特性来看，风险投资机构通常拥有专注市场多年的投资人员团队和技术，以及多元的项目投资经验，引导资金流入企业。但同时，风险投资持股以一种高风险高回报的方式影响着市场判断和企业自身的风险承担能力。其"高风险"特性使风险投资在股市的作用相对复杂。从西方市场实践来看，风险投资主要通过直接融资这一手段来支持企业创新，发挥重要的市场力量。股价崩盘风险是指由于大量负面信息的积聚并超过企业所能承受的最大值，由此引起的企业股价发生巨幅下跌的风险，这不利于资本市场的长期健康发展。因此，准确评估风险投资对于资本市场股价崩盘风险的客观影响和作用机制，有助于更加理性地发展风险投资市场，并提高对资本市场的风险研判和风险管理能力。

国内外学者早在21世纪初便针对风险投资本身及其对于股票市场所起到的作用开始大量的研究与讨论，试图为资本市场发展提供可借鉴意义。根据大量的投资案例，我国风险投资广泛集中于人工智能、信息技术、生物医疗、教育等有巨大发展潜力的行业。这些行业需要大量的研发投入，资金缺口大，同时拥有极高的回报率，越来越受到风险投资的青睐。初创公司高风险、不稳定的特性也决定了风险投资机构与其他市场机构不同的投资特性：和普通的金融类投资相比，风险投资通常采用股权投资的方式，并参与被投企业的管理决策和战略规划，以争取最大可能的投资回报率。

一部分研究指出，高频交易在本质上是泡沫和崩盘等市场动态的加速器（D. Sornette and S. von der Becke，2011），收益指引的偏倚会使股票投资者面临显著的下行风险（Li Jin and Stewart C. Myers，2018）。中国资本市场上机构投资者可能会存在明显的“羊群行为”（李志文等，2010；张本照和张玺，2017），“逐名效应”（Gompers，1996）等加剧市场波动的影响因子，这不仅未降低上市公司和投资者之间的信息不对称（邢治斌和仲伟周，2014），还不能显著提高资金利用效率（唐云舒等，2008）和发挥有效监督作用（冯照桢等，2016），由此引起股价动荡，埋下未来股价崩盘风险的隐患（Masulis，2013）。

另一部分研究则指出风投机构具有“认证价值”。我国的私募股权投资往往投资于有较高估值的行业，天使资本倾向于投资本身拥有较好资质的企业或者部分负债率较高的企业，并且不存在融资约束和代理问题，风险投资兼具复杂性和多样性（李曜等，2011），可提供“认证价值”（Mikekelson and William，1991）。风险投资机构可以通过其专业人员的投资管理经验和丰富的产业研究知识，为企业提供战略规划和管理咨询，利用投资机构的人脉资源拓宽企业融资渠道，减少信息不对称风险，实现风险投资对企业的“价值增值”功效。国内也有大量学者认可风险投资的信息监督作用。盛军锋等（2008）认为，机构投资者进入市场，起了“市场稳定器”的作用。陈玉罡和王苏生（2007）通过研究 H 股公司样本，发现有风险投资持股的上市公司其 IPO 抑价率显著低于无风投持股的企业。此外，已有研究表明，风投除在 IPO 时会影响企业的财务包装和管理经营外，在被投公司上市后，部分风险投资机构仍然会继续持有该公司股份，甚至成为拥有话语权的股东，影响企业的财务报告质量、经营业绩和战略发展规划。

与此相反，也有许多学者认为风险投资会加速股价波动。Masulis（2013）通过研究发现，风险投资机构为追求短期的高额收入，存在对上市公司的财务包装行为。在这个过程中，风险投资机构会隐瞒重要信息，埋下未来股价崩盘风险的隐患。刑治斌和仲伟周（2014）以2005—2011年A股上市公司数据为样本，在基于联立方程组模型的实证分析中发现，机构持股并未降低上市公司和投资者之间的信息不对称，反而强化了股票的波动性；并且机构投资者倾向于持有适当波动的股票，以此来达到逐利的目的。张本照和张玺（2017）以2007—2013年A股上市公司为样本，指出机构投资者的羊群性投资行为会增加股价的崩盘风险，尤其是对于规模较大、信息透明的上市公司，这种行为更为常见。唐云舒等（2008）通过研究发现，风险投资会显著提高上市公司的经营业绩，同时有资金需求的上市公司引进风险投资并不能显著提高资金利用效率。Li Jin和Stewart C. Myers（2018）发现，收益指引的偏倚会使股票投资者面临显著的下行风险。冯照桢等（2016）通过对相关理论的实证研究发现，长期风险投资能够发挥风险投资的监督认证作用，短期风险投资持股更多地表现为逐名效应以此获取短期收益。

上述文献表明股价波动与风险投资持股有着密切的联系。风险投资控制力越高，越容易对企业管理战略决策产生影响。在风险投资运作的过程中，极有可能出现“逐名效应”带来的隐瞒信息行为，由此引发股价崩盘的隐患；此外，“认证价值”可能使风险投资机构在利益推动下与企业一起隐瞒信息，在未来可能出现潜在的股价崩盘风险。另外，风险投资作为专业的投资机构，能从企业运行、管理和行业投资判断上给出专业意见，同时发挥监督管理作用，抑制被投企业管理层的投机行为，减少潜在的信息不对称现象的可能。

风险投资持股既可能发挥其作为外部机构的监督作用，发挥价值增值效应，也有可能通过负面的认证效应、逐名效应，加剧信息不对称和管理层投机行为。如何正确评估风险投资及其控制力对我国资本市场的影响，将对今后相关部门引导正确的风险投资行为提供重要依据以及价值参考。

据此提出以下假设：

H1a：风险投资控制力正向影响股价崩盘风险。

H1b：风险投资控制力负向影响股价崩盘风险。

风险投资股东在被投企业上市后，能完善企业的经营治理结构，从而提高公司管理层的治理能力（沈维涛，2014）。付雷鸣等（2012）的研究证实了机构投资者能显著提高被投企业的创新能力，增加创新研发投入以此来提高企业的竞争力。从风险投资的监督作用来看，风险投资能抑制被投企业潜在的违规风险，影响企业的战略经营决策，提高企业管理层的综合治理水平，使企业个体特质性信息进入股价中。据此提出以下假设：

H2：风险投资控制力与股价同步性负相关。

H3：风险投资控制力与企业违规行为负相关。

3.3.2 模型设定

（1）样本选择

本节选取 2008—2018 年沪深上市公司为样本，并根据以下条件进行数据选择：（1）删除金融类上市公司；（2）删除所有 ST、PT 等上市公司；（3）删除存在财务数据缺失的上市公司样本。其中，本节样本中风险投资持股信息通过每年上市公司年报的股东持股信息手工收集整理数据获得，上市公司前十大股东持股信息来自国泰安数据库，股价崩盘风险相关计算数据来源于 wind 数据库，公司财务和经营管理数据均来自国泰安（CSMAR）数据库。

本节对于样本中上市公司是否具有风险投资持股背景，借鉴吴超鹏（2012）等文献资料，根据上市公司前十大股东持股信息，按照以下条件进行判定：若上市公司前十大股东名称中含有“产业（技术）投资”“风险投资”“高新（技术）投资”“创业（资本）投资”“技术投资”等，则该公司被判断为风险投资持股公司，股东被认定为风险投资机构；对于公司名称或其代理机构符合基金业协会公示的“股权私募基金管理人名单”，则被认定为风险投资持股；对于持股股东名称包含“投资”“有限合伙”“产业基金”等字段，本节通过 wind 企业库查询该公司的主营业务，并结合互联网有关资料，若主营业务中包含风险投资业务，则该股东被认定为风险投资持股；对于曾易名的股东，则按照持股时的企业经营范围进行比对。

为避免极端数据影响实验结果，本节对所有连续变量都进行双尾 1% 的 Winsor 处理，以保证数据的可用性。

（2）变量刻画

被解释变量借鉴 Hutton（2009）、Kim（2010）、Xu（2013）等的方法，选取两种方式衡量股价崩盘风险。本节首先利用上市公司股票 i 的周收益率，由此计算出上市公司股票 i 经市场调整后的收益率，即选取上市公司股票 i 周收益数据进行以下回归：

$$R_{i,t} = \alpha_i + \beta_1 R_{m,t-2} + \beta_2 R_{m,t-1} + \beta_3 R_{m,t} + \beta_4 R_{m,t+1} + \beta_5 R_{m,t+2} + \varepsilon_{i,t} \tag{3-6}$$

其中，$R_{i,t}$ 是上市公司股票 i 在第 t 周的股票收益率；$R_{m,t}$ 为第 t 周市值加权的市场指数收益率。计算公式中选用收益 $R_{i,t}$ 的超前项 $R_{m,t+1}$、$R_{m,t+2}$ 与滞后项 $R_{m,t-2}$、$R_{m,t-1}$ 的目的是减少股票交易存在的潜在偏差。

定义 $W_{i,t}$ 是上市公司股票 i 在第 t 周经市场调整的收益率，有：

$$W_{i,t} = \ln(1 + \varepsilon_{i,t}) \tag{3-7}$$

然后，本节采用指标负收益偏态系数度量股价崩盘风险，记为 *NCSKEW*，计算公式为：

$$NCSKEW = -[n(n-1)^{\frac{3}{2}} \sum W_{i,t}^{\ 3}] / [(n-1)(n-2)(\sum W_{i,t}^{\ 2})^{\frac{3}{2}} \tag{3-8}$$

其中，n 为上市公司股票 i 的年交易周数，反映上市公司股票 i 在第 t 年的收益率的负偏程度。指标 *NCSKEW* 的数值越大，代表上市公司股票 i 股票崩盘风险越大。

本节选取的第二种股价崩盘风险指标为股票周收益波动率，记为 *DUVOL*，计算公式为：

$$DUVOL = \ln\{[(n_u - 1)\sum_{Down} W_{i,t}^{\ 2}]/(n_d - 1)\sum_{Up} W_{i,t}^{\ 2}]\} \qquad (3-9)$$

其中，n_u 和 n_d 分别代表周收益观测值超过或不足经市场调整的周收益率平均值的数量。指标 *DUVOL* 数值越大，代表上市公司 i 的股票崩盘风险越大。

解释变量中，风险投资持股：首先判断该上市公司前十大股东中是否存在风险投资持股，结果用 VC_DUM 表示。当前十大股东中存在风险投资持股时，VC_DUM 记为 1，否则为 0。风险投资控制力：本节选用 Milnor 和 Shapley（1978）提出的 Shapley 指数 φ 计算风险投资控制力。φ 被普遍认为为能够较准确地衡量股东控制力，反映了股东控制力受该股东持股比例及其他股东持股比例的影响。风险投资控制力指数 φ 计算公式为：

（i）若风险投资机构为该上市公司第一大股东：

$$\varphi_1 = \begin{cases} 1, & w_1 > \frac{1}{2} \\ \frac{(1-2w_2)^2}{4\alpha^2}, & w_1 \leqslant \frac{1}{2}, w_2 \leqslant \frac{1}{2}, \alpha \leqslant \frac{1}{2} \\ \frac{w_1}{\alpha} - \frac{w_1 w_2}{\alpha^2}, & \alpha > \frac{1}{2} \end{cases} \qquad (3-10)$$

（ii）若风险投资机构为该上市公司第二大股东：

$$\varphi_2 = \begin{cases} 0, & w_1 > \frac{1}{2} \\ \frac{(1-2w_1)^2}{4\alpha^2}, & w_1 \leqslant \frac{1}{2}, w_2 \leqslant \frac{1}{2}, \alpha \leqslant \frac{1}{2} \\ \frac{w_2}{\alpha} - \frac{w_1 w_2}{\alpha^2}, & \alpha > \frac{1}{2} \end{cases} \qquad (3-11)$$

（iii）若风险投资机构不是该上市公司前两大股东：

$$\varphi_3 = \left(\frac{\text{风险投资持股比例}}{\alpha}\right) \times (1 - \varphi_1 - \varphi_2) \qquad (3-12)$$

其中，φ_1、φ_2、φ_3 分别表示风险投资机构为该上市公司第一大、第二大股东、非第一大和第二大股东的控制力。w_1、w_2 分别表示该上市公司第一大、第二大股东持股比例，α 表示除去第一大、第二大股东后其余股东的持股比例之和。

为控制股价崩盘风险的其他影响因素，本节还参照孔东民等（2016）、Xu 等（2013）对以下变量进行了控制：公司股票经市场调整收益率的标准差（*retvol*）；公司的规模（*size*），用公司当年期末总资产的自然对数表示；公司资产负债率（*lev*），用公司当年期末的总负债除以总资产表示；公司亏损情况（*loss*），公司报告期内若净利润为负则取 1，否则为 0；公司总资产收益率（*roa*），用公司当年净利润除以总资产表示；公司账面市值比（*bm*），用公司当年期末总资产除以公司市场价值表示；公司流通股比例（*share*），用公司流通股占总股本的比例表示。

（3）模型构建

为检验风险投资控制力对股价崩盘风险的影响，将回归模型设定如下：

$$risk = \beta_0 + \beta_1 VC_{i,t} + \beta_2 retvol + \beta_3 size + \beta_4 lev + \beta_5 loss + \beta_6 roa + \beta_7 bm + \beta_8 share + \varepsilon_{it} \quad (3-13)$$

其中，*risk* 表示股价崩盘的风险，具体包括 NCSKEW 和 DUVOL。$VC_{i,t}$ 包括风险投资持股 VC_DUM 和风险投资控制力 VC_CON。重点考察系数 β_1 的大小和显著性水平。另外在模型中控制了行业和年度的固定效应。

3.3.3 实证结果

（1）描述性统计

变量描述性统计具体如表 3 - 14 所示。其中，衡量股价崩盘风险变量 NCSKEW 和 DUVOL 的均值分别为 - 0.301 和 - 0.190，标准差分别为 1.272 和 0.979。解释变量风险投资持股 VC_DUM 中位数为 0，平均值为 0.091，表示风险投资持股比例在上市公司中并不高。在风险投资持股的上市企业中，计算出的风险投资控制力 VC_CON 均值为 0.439，标准差为 0.337，反映风险投资拥有一定的控制力。

表 3-14　　变量描述性统计

变量	观测值	均值	标准差	最小值	最大值
NCSKEW	24128	-0.301	1.272	-3.491	2.772
DUVOL	24118	-0.190	0.979	-2.488	2.337
VC_DUM	24128	0.091	0.287	0	1
VC_CON	4360	0.439	0.337	0.001	1
retvol	24128	0.050	0.019	0.019	0.116
size	24128	22.04	1.295	19.47	26.02
lev	24128	0.438	0.214	0.050	0.946
loss	24128	0.092	0.289	0	1
roa	24128	0.043	0.060	-0.207	0.221
bm	24128	0.612	0.241	0.111	1.108
share	24128	0.737	0.267	0.172	1

（2）结果分析

风险投资控制力与股价崩盘风险的回归结果如表3-15 所示。其中，第（1）和第（2）列表示风险投资持股对股价崩盘风险的影响，第（3）和第（4）考察对于存在风险投资持股的企业，风险投资控制力对股价崩盘风险的影响。从第（1）和第（2）列的结果可见，在股价崩盘风险 NCSKEW 测度下，风险投资持股 VC_DUM 的系数 -0.122，并且在 5% 的水平上显著；在股价崩盘风险 DUVOL 测度下，风险投资持股 VC_DUM 的系数为 -0.096，并且在 1% 的水平上显著。这表明风险投资持股和股价崩盘风险之间存在显著负相关，即相较于无风险投资持股的企业，风险投资持股能降低被投企业的股价崩盘风险。从第（3）和第（4）列结果可见，在有风险投资持股的企业中，风险投资控制力 VC_CON 和两个股价崩盘风险变量均呈负相关。对 NCSKEW 变量，VC_CON 的系数为 -0.110，在 5% 的水平上显著；对 DUVOL 变量，VC_CON 的系数为 -0.085，在 5% 的水平上显著。这表明对存在风险投资持股的企业，风险投资控制力越高，被投企业的股价崩盘风险越低。风险投资控制力对股价崩盘风险存在抑制作用。假设 H1b 得到验证。

表 3-15　风险投资控制力与股价崩盘风险

	NCSKEW	DUVOL	NCSKEW	DUVOL
	(1)	(2)	(3)	(4)
VC_DUM	-0.122**	-0.096***		
	(-2.52)	(-2.62)		
VC_CON			-0.110**	-0.085**
			(-2.15)	(-2.19)
retvol	-25.239***	-19.319***	-21.820***	-16.632***
	(-37.40)	(-38.06)	(-13.35)	(-13.38)
size	-0.097***	-0.100***	-0.071	-0.079*
	(-3.59)	(-4.90)	(-1.12)	(-1.66)
lev	-0.204*	-0.219***	-0.44*	-0.561***
	(-1.96)	(-2.80)	(-1.95)	(-3.29)
loss	0.185***	0.141***	0.224**	0.144*
	(4.16)	(4.21)	(2.12)	(1.79)
roa	-0.464	-0.631**	-0.368	-0.752
	(-1.28)	(-2.31)	(-0.43)	(-1.16)
bm	0.742***	0.914***	0.88***	0.978***
	(8.01)	(13.13)	(3.96)	(5.80)
share	0.118**	0.23***	0.167	0.277***
	(1.98)	(5.13)	(1.24)	(2.70)
constant	2.648***	0.436	1.927	1.847*
	(4.57)	(5.22)	(1.43)	(1.81)
Year/Ind	YES	YES	YES	YES
N	24128	24128	4360	4360
R^2.adj	0.147	0.176	0.132	0.155

注：括号内为 t 值，***、**、* 分别表示在 1%、5% 和 10% 水平上显著。

（3）渠道检验

为进一步研究风险投资持股对股价崩盘风险的影响机制，验证风险投资是否能发挥监督作用对上市公司违规行为进行约束，本文引入股价同步性（*synch_hutton*）和企业合规性（*illegal*），深入研究风险投资持股降低股价崩盘风险的可能机制。

针对股价同步性，本文回归模型设定如下：

$$synch\_hutton = \beta_0 + \beta_1 VC + \beta_2 retvol + \beta_3 size + \beta_4 lev + \beta_5 loss + \beta_6 roa + \beta_7 bm + \beta_8 share + \varepsilon_{it} \quad (3-14)$$

其中，*synch_hutton* 表示股价同步性，指个股价格变动跟市场价格变动之间的关联性，是衡量资本市场效率的重要指标。*synch_hutton* 的数值越大，表示股价中包含的公司特质性信息少，此时股价与市场的同步性越高。

表 3 - 16 列示了回归结果。风险投资持股 VC_DUM 的系数 - 0.072，并在 1% 的水平上显著。这表明风险投资持股对股价同步性会产生显著影响，即风险投资持股能降低股价同步性，增强公司抵御外界波动的能力。风险投资控制力 VC_CON 的回归结果并不显著，说明可能不是影响股价同步性的主要变量，也可能受样本等其他因素影响。总体结果支持风险投资机构对股价同步性存在一定的缓解作用，提高了公司的信息透明度，使股价中包含更多公司特质性信息，股价同步性得以降低，假设 H2 得到验证。

表 3 - 16　　风险投资控制力与股价同步性

	synch_hutton	synch_hutton
	(1)	(2)
VC_DUM	-0.072***	
	(-3.02)	
VC_CON		-0.018
		(-0.029)
retvol	-7.51***	-5.89***
	(-3.33)	(-4.80)
size	-0.001	-0.0304**
	(-0.01)	(-2.02)
lev	0.0297***	-0.009
	(3.01)	(-0.02)
loss	-0.0514**	-0.168***
	(-2.02)	(-3.05)
roa	-0.03933	0.011
	(-0.03)	(0.035)
bm	-0.614***	0.813***
	(-4.03)	(5.08)
share	0.378***	0.278***
	(5.03)	(5.06)

续表

	synch_hutton	synch_hutton
	(1)	(2)
cons	-0.612***	-0.142
	(-5.12)	(-0.30)
Year/Ind	YES	YES
N	24128	4360
R^2 . adj	0.074	0.070

注：括号内为 t 值，***、**、* 分别表示在 1%、5% 和 10% 水平上显著。

针对企业合规性变量，本文回归模型设定如下：

$$illegal = \beta_0 + \beta_1 VC_{it} + \beta_2 retvol + \beta_3 size + \beta_4 lev + \beta_5 loss + \beta_6 roa + \beta_7 bm + \beta_8 share + \varepsilon_{it} \quad (3-15)$$

其中，*illegal* 表示企业违规行为，用企业当年是否存在监管机构发布的违规公告表示，若存在违规公告则取值为 1，否则为 0。

由表 3-17 可得，风险投资持股 VC_DUM 的系数 -0.037，并在 1% 的水平上显著，表明风险投资持股对企业合规性产生显著影响，即风险投资持股能减少企业违规行为的发生。风险投资控制力 VC_CON 的系数为 -0.042，并在 1% 的水平上显著，表示风险投资控制力与企业违规行为负相关。由此可见，风险投资机构对被投上市公司存在约束作用，有风险投资的被投企业违规行为明显少于没有风险投资持股的上市公司。即风险投资机构通过发挥监督管理作用，对企业管理层进行约束，提高信息透明度和披露完整性，从而减少股价崩盘风险。假设 H3 得到验证。

表 3-17　风险投资控制力与企业违规概率

	illegal	illegal
	(1)	(2)
VC_DUM	-0.037***	
	(-2.92)	
VC_CON		-0.042***
		(-3.06)
retvol	0.353**	0.606
	(1.99)	(1.37)

续表

	illegal	illegal
	(1)	(2)
size	-0.022 ***	-0.021
	(-3.16)	(-1.23)
lev	0.079 ***	0.083
	(2.90)	(1.36)
loss	0.044 ***	0.084 ***
	(3.77)	(2.92)
roa	0.065	0.144
	(0.68)	(0.62)
bm	-0.006	0.019
	(-0.24)	(0.32)
share	-0.012	0.033
	(-0.74)	(0.91)
cons	0.619 ***	0.53
	(4.06)	(1.46)
Year/Ind	YES	YES
N	24128	4360
R^2. adj	0.023	0.031

注：括号内为 t 值，***、**、* 分别表示在 1%、5% 和 10% 水平上显著。

（4）稳健性检验

为进一步控制可能存在的自选择问题对实证结果的影响，采用 PSM 倾向得分匹配方法，选取公司股票经市场调整收益率的标准差（*retvol*）、公司规模（*size*）、公司资产负债率（*lev*）、公司亏损情况（*loss*）、公司总资产收益率（*roa*）、公司账面市值比（*bm*）、公司流通股比例（*share*）这七个指标对风险投资持股公司（实验组）和无风险投资持股公司（对照组）进行 PSM 配对。样本进行配对后的回归结果如表 3-18 所示，除个别控制变量显著性有所变化外，解释变量 VC_DUM 和 VC_CON 系数均为负且结果显著，表明风险投资持股能降低股价崩盘风险，且风险投资控制力越强，股价崩盘风险越小。PSM 稳健性检验结果与前文基本一致。

表 3-18　　PSM 回归分析

	NCSKEW	DUVOL	NCSKEW	DUVOL
	(1)	(2)	(3)	(4)
VC_DUM	-0.136***	-0.104***		
	(-2.89)	(-2.93)		
VC_CON			-0.117**	-0.09**
			(-2.38)	(-2.38)
retvol	-24.731***	-18.947***	-21.94***	-16.943***
	(-37.57)	(-38.18)	(-13.87)	(-14.04)
size	-0.103***	-0.103***	-0.059	-0.074
	(-3.96)	(-5.26)	(-1.00)	(-1.63)
lev	-0.136	-0.162**	-0.358*	-0.476***
	(-1.37)	(-2.15)	(-1.69)	(-2.94)
loss	0.199***	0.151***	0.225**	0.149*
	(4.64)	(4.65)	(2.23)	(1.93)
roa	-0.414	-0.524**	-0.129	-0.34
	(-1.32)	(-2.21)	(-0.18)	(-0.61)
bm	0.707***	0.884***	0.833***	0.913***
	(7.92)	(13.13)	(3.91)	(5.62)
share	0.106*	0.22***	0.138	0.24**
	(1.83)	(5.05)	(1.06)	(2.41)
cons	2.782***	2.359***	1.689	1.776*
	(4.99)	(5.61)	(1.33)	(1.84)
Year/Ind	YES	YES	YES	YES
N	4192	4192	1301	1301
R^2.adj	0.145	0.173	0.130	0.152

注：括号内为 t 值，***、**、* 分别表示在 1%、5% 和 10% 水平上显著。

3.3.4　研究结论与政策建议

本章选取 2008—2018 年 A 股上市公司为样本，手工收集十大股东中风险投资机构持股信息并计算风险投资控制力，实证检验风险投资及其控制力对上市公司股价崩盘风险的影响。结果表明，相较于无风险投资持股的上市公司，风险投资持股能有效降低股价崩盘风险。在存在风险投资持股的上市公司样本中，风险投资控制力与股价崩盘风险呈现显著负相关，即风险投资控制力可抑制被投上市公司的股价崩盘风险，风险投资控制力越高，该上市公司股价崩盘风险越低。在进一步的实证研究中发现，对于存在风险投资股东的上市公司，其股价同步性更低，更不易发生违规行为。这一结果从股价崩盘风险形成机制角度表明，风险投资持股能够发挥监督认证功能，规范上市公司行为，制约被投企业管理层的机会主义，对上市公司信息披露和合规经营起到约束作用。

研究启示在于：第一，本节从风险投资持股角度进行初步研究，并从股价崩盘风险形成机制角度研究风险投资的作用，对后续风险投资的经济后果研究有重要价值。第二，具体来说，本文研究发现风险投资持股可以降低股价崩盘风险，且风险投资控制力越大，股价崩盘风险越小。因此，引导国内外风险投资机构规范有序进行投资，健全完善有关制度和市场监管，促进我国资本市场健康、活力发展，对于股票市场稳定健康发展具有重要意义。第三，从股价崩盘风险的形成机制看，风险投资持股能增加被投资企业的合规性，提高企业异质性信息在股价中的体现，从而提高上市公司信息透明度。因此也应加强风险投资市场建设，发展多样化的风险投资主体，提高风险投资机构投资管理水平，更好地带动风险投资市场和企业的发展。

第4章 风险投资的特色模式：国有风险投资

我国国有风险投资发展至今20余年，相继经历了初步探索、快速发展、规范发展阶段，政府部门、市场机构、投资者、被投企业等各参与主体对于国有风险投资已经有了较多的认知。国有风险投资既包括政府全额出资的基金，也包括政府参股的基金。从层级看，既包括中央政府及其部委的基金，也包括各级地方政府及其部门的基金。从基金形式看，政府产业基金和政府引导基金是两种主要的形式。我国现有政府引导基金1500余只，累计总认缴规模6.32万亿元，覆盖全国除港澳台地区外的31个省份，对外投资项目数万个，带动社会总投资数十万亿元，近年来已经成为政府招商引资及经济发展的重要抓手，有效地推动了我国创新发展，为完善科技创新体系、实施创新驱动发展战略和实施人才强国战略等提供了有效支撑。本章着重分析国有风险投资的概念、主要特征和发展历程等，重点对我国国有风险投资的当前具体情况展开分析。

4.1 国有风险投资的主要特征

4.1.1 国有风险投资的内涵

随着中国经济从高速增长转为中高速增长，经济结构转型、产业结构升级、资源优化配置、有效供给增加成为中国经济发展的关键。创新作为引领发展的第一动力，对推动中国经济转型有重要战略意义，而风险投资作为资本市场支持中小企业创新创业发展的重要金融工具，对中小企业的发展影响重大。由于科技创新类企业存在不确定性强、风险高、投资周期长等问题，导致其面临融资难、融资贵等问题，风险投资机构出于自身利益最大化的考虑可能存在一定的市场失灵现象，国有风险投资通过自身投资和撬动社会资本整合社会资源，可以弥补目前市场配置资源的不足，使中小企业健康发展。

在我国，国有风险投资相关的口径有三个：一是财政部的政府投资基金，二是国家发展与改革委员会的政府出资产业投资基金，三是各国家部委和地方政府的政府引导基金。从研究视角出发，上述基金均包含在国有风险投资的口径内。

4.1.2　国有风险投资的特征

对于国有风险投资机构来说，其基本特征主要包括两个方面：首先，它是一个国有企业，具备国有企业应该具备的特征，它的资本主要由政府或国有背景的企业投入，除了正常的生产经营活动，肩负国有资产保值增值的营利性目的之外，还需贯彻落实政府的某些意图，体现政府的政策引导作用，实现经济利益和社会公共利益。其次，它也具备风险投资机构的基本特征，在一定范围内追逐风险、追求利益最大化。同时，国有风险投资机构更重视风险防控，注重国有资金的安全性。综上所述，国有风险投资机构主要包括以下几个重点特征：

（1）体现政府意图

国有风险投资基金由政府参与设立，资金来源可分为全额政府出资和政府与社会资本共同出资两种情况。政府通过出资的方式，在基金设立之初就赋予其明显的政策性特征，并在基金投向、返投比例、单项目投资比例、基金存续期限等方面体现政府意志。对于政府全额出资的基金，政府作为唯一出资人，对基金的影响力毋庸置疑。而对于参股子基金，由于存在部分社会资本，政府意志的体现相对弱化一些。但近年来随着私募股权投资资金募集难度加大，基金管理人对政策导向的遵从度越来越高。将政府意志注入国有风险投资，可以确保基金投入符合国家或区域发展战略明确的产业领域，尤其是外部性强、市场失灵的领域，从而推动整个区域产业结构转型，实现科技创新。

境外的国有风险投资也体现出类似的特征。例如，美国政府引导基金——美国小企业投资公司基金（SBIC），由美国小企业局（SBA）发放许可牌照、提供资金支持、进行后期监督管理，以确保基金使用符合规定并投入特定领域，从而体现政府意志。

（2）追求市场化运作

以市场为导向是国有风险投资基金成功运作的立足点，也是确保高效工作方式的关键。国有风险投资基金要遵循“公共治理、市场运作、科学决策、管控风险”的原则。市场化原则贯穿于基金运作的全过程，包括募集、投资、投后管理、清算退出等，尤其体现在“尊重专业、接受监管、利益共享、风险共担”的决策和利益分配机制上。理解和把握国有风险投资的市场化原则，应注意以下几点。

市场化运作并不与体现政府意志相冲突。国有风险投资体现政府的意愿，主要体现在产业引导和返投比例等具体要求上，但在投资方向等专业事务上仍应尊重市场规律，发挥市场在资源配置中的核心作用。国有风险投资通过市场化运作方式改变了以往通过拨款、补贴、担保等行政手段对产业发展的支持方式，转而采用特有的基金治理结构参与市场运作，有助于提升市场效率。

遵循利益与风险共担机制。基于“谁决策、谁担责”“谁出资、谁受益”的基本原则，政府引导基金引导更多社会资本投入国家鼓励和支持的重点领域和薄弱环节，推动基金在支持创新发展和产业升级方面发挥更大作用。同时，为更好地发挥政府出资的引导作用，政府可适当让利。《财政部关于财政资金注资政府投资基金支持产业发展的指导意见》（财建〔2015〕1062号）等相关文件也明确提出“对于‘市场失灵’突出的领域，设立基金可以采取向社会出资人让渡部分分红等让利措施，但必须控制财政风险，并确保市场机制充分发挥作用”。

（3）并非以营利性为唯一目标

针对国有风险投资中的政府引导基金，不少文件明确提及引导基金不以营利为目的。如《广州市科技成果产业化引导基金管理办法》（穗科创规字〔2018〕4号）指出“本办法所称广州市科技成果产业化引导基金，是由市政府出资设立，按照市场化方式运作，不以营利为目的的政策性引导基金”。其他如杭州市、淮安市、义乌市、宁波市等也有明确提法。但是也有些省市有不同提法，如《山东省人民政府关于运用政府引导基金促进股权投资加快发展的意见》（鲁政发〔2014〕17号）提出“引导基金作为一种公共资源，其宗旨是发挥财政资金的杠杆放大效应，克服市场失灵现象，不单纯以营利为目标”。该意见强调了引导基金的政策性特征，但也没有放弃营利性目标。还有部分政府文件明确提出了对效益的要求，如《上海市闵行区创业投资引导基金管理办法》（闵府发〔2013〕8号）提出“闵行区创业投资引导基金是由区政府设立并按市场化方式运作、兼顾社会效益与经济效益以及可持续发展的政策性基金”。《北京市市级政府投资基金绩效评价管理暂行办法》（京财绩效〔2019〕717号）明确提出基金业绩指标细化为内部收益率（IRR）、已分配收益倍数（DPI）、总收益倍数（TVPI）等。《重庆市风险投资引导基金管理办法（试行）》（渝科委发〔2015〕131号）提出风险投资引导基金作为市场化运作的风险投资母基金，按照“专业管理、市场运作、效益优先”的原则运作。

4.2　国有风险投资的发展历程

4.2.1　第一阶段：初步探索期（2002—2006年）

2002年中关村创业引导基金成立，同年我国颁布了《中华人民共和国中小企业促进法》，中小企业发展基金的扶持功能和社会责任被正式确定，我国对引导基金引导社会资本这一投资模式开始了初步探索。2005 年 11 月 15 日，国家颁布《创业投资企业管理暂行办法》（发改委令第 39 号），弥补了之前法律法规上的空白，随着相关法律法规政策的不断完善和政府对产业引导基金的大力推广，引导基金开始在全国范围内初步尝试运行。截至 2006 年底，我国共有政府引导基金 6 只，基金的总规模在 20 亿元人民币左右。政府引导基金的目的是促进企业科技创新，解决中小企业在风投市场融资难的问题，因此在引导基金发展的探索阶段，我国的引导基金普遍持续 5—7 年的投资周期，且对后续退出机制尚未有成体系的制度安排。

4.2.2 第二阶段：快速发展期（2007—2016 年）

从 2007 年开始，我国的引导基金进入了快速发展阶段，标志着引导基金快速发展的里程碑事件是“科技型中小企业创业引导投资基金”的成立，该基金是我国第一个国家级引导基金，目标企业为处于种子期和初创期的中小型科技企业。2018 年，国务院办公厅颁布了《关于创业投资引导基金规范设立与运作的指导意见》（国办发〔2008〕116 号），规范了政府创业引导基金的设立和运作，促进了引导基金的发展，仅 2007 年和 2008 年两年，我国新成立的引导基金总规模就高达 200 亿元左右，基金规模是 2002—2006 年期间的 10 倍，而成立的基金数量也高达 33 只。

2011 年 8 月，财政部和国家发改委联合发布《新兴产业创投计划参股创业投资基金管理暂行办法》（财建〔2011〕668 号），旨在加快引导基金投向新兴产业的计划实施，并且进一步加强对引导基金的严格监控和管理，《暂行办法》中明确了推动新兴科技企业发展的战略，要求政府参股的基金需要将资金优先注入符合国家战略新兴产业计划的初创期和中小型企业。

随着 2015 年财政部印发《政府投资基金暂行管理办法》和 2016 年国家发改委下发《政府出资产业投资基金暂行管理办法》，我国引导基金的设立条件、运作机制、风险控制、预算管理、退出机制等制度供给不断成熟，我国的引导基金也出现了快速发展，仅 2016 年和 2017 年两年，我国新设立的引导基金就高达 539 只和 268 只，引导基金总规模突破 30000 亿元，远超 2015 年之前的基金规模。

4.2.3　第三阶段：规范发展期（2018—2021 年）

2017 年下半年以后，政府引导基金总体上进入规范发展期。2018—2021 年间，每年设立的政府引导基金基本保持在 130 只左右。审计署 2015 年审计工作报告指出，政府投资基金支持创新创业的作用尚未得到有效发挥。截至 2015 年底，在中央财政出资设立的 13 只政府投资基金的募集资金中，有 1082.51 亿元（占比 30%）结存未用。通过抽查创业投资基金发现，在通过审批的 206 只子基金中，有 39 只因未吸引到社会资本无法按期设立，财政资金 13.67 亿元滞留在托管账户；已设立的 167 只子基金募集资金中有 148.88 亿元（占比 41%）结存未用，其中 14 只从未发生过投资。地方政府投资基金也存在类似现象，抽查设立的 6 只基金发现，在财政投入的 187.5 亿元中，有 124 亿元（占比 66%）转作商业银行定期存款。这表明，作为改革新方向的政府投资基金虽启动较快、筹集的资金规模较大，但由于存在管理效率不高等问题，从效果上看启动项目不多，由此导致其拉动社会资本扩大投资的效果不明显。在此背景下，政府引导基金从前期的建章立制时期进入效果监测时期，国家发改委与财政部相继颁布了一系列政府引导基金的绩效评价规则。

2018 年国家发改委办公厅颁布《关于做好政府出资产业投资基金绩效评价有关工作的通知》（发改办财金〔2018〕1043 号），旨在贯彻落实国家宏观政策导向，加强行业信用体系建设，提升政府出资产业投资基金服务实体经济的质效，构建行业守信联合激励和失信联合惩戒机制，促进行业高质量持续健康发展。国家发改委根据政府出资产业投资基金的设立目的和基金定位，在坚持市场化运作、专业化管理原则的基础上，明确了政府出资产业投资基金的绩效评价体系。其评价体系包括基金政策效应、管理效能、信用水平、经济效益等，主要指标分为政策评价、管理评价、信用评价、经济评价四大类，并采用系统自动评价、管理人自评和他评相结合的方式。

2020年财政部颁布《关于加强政府投资基金管理 提高财政出资效益的通知》（财预〔2020〕7号，以下简称《通知》），旨在加强对设立基金或注资的预算约束，提高财政出资效益，促进基金有序运行。该《通知》主要侧重于对政府出资行为的规范，要求设立基金应充分考虑财政承受能力，合理确定基金规模和投资范围，鼓励上下级政府按照市场化原则互相参股基金，形成财政出资合力，同一行业领域设立多只目标雷同基金的，要在尊重出资人意愿的基础上，推动整合或调整投资定位。财政部要求财政部门会同相关部门对基金实施全过程进行绩效管理。行业主管部门负责做好事前绩效评估，制定绩效目标和绩效指标，开展绩效监控，每年末基金实施绩效自评。自评结果报财政部门和其他主要出资人审核。事实上，针对当时政府引导基金设立不规范的局面，财政部在《财政部关于政协十三届全国委员会第二次会议第1891号（财税金融类168号）提案答复的函》（财预函〔2019〕138号）中表明态度，明确要求各级财政部门综合考虑政策目标、总体资金需求、财政承受能力等因素从严控制基金数量，对已设立的基金进行清理，防止交叉重复，并且透露财政部适当将设立政府投资基金的权限上收，严控基金的设立，完善基金统筹协调机制，推进基金布局适度集中化。

除了国家层面要求对政府引导基金进行绩效考核外，地方政府也出台了相应的政府引导基金绩效考核及基金整合的相关规则。2019年深圳市引导基金投资有限公司等发布了《关于公示深圳市政府投资引导基金清理子基金及缩减规模子基金名单的通知》，针对“已过会一年内未签署基金合伙协议；已签署基金合伙协议但一年内未完成工商登记或首期资金未实际到位；完成首期实际出资后一年内未开展投资业务”这三类情况公布了25只清理子基金及12只缩减规模子基金名单。这在全国属于首次，开启了地方政府引导基金的整合与规范阶段。2020年国务院办公厅督查室发布《关于国务院第七次大督查发现部分地方和单位对审计查出问题整改不到位典型案例的通报》指出：“广东省广州市、深圳市对审计查出的基金闲置、不合理计收管理费等问题，未制定具体整改措施且未收回不合理收费。审计查出广州市、深圳市存在政府性投资基金闲置、基金公司未开展工作但计收管理费等问题。督查发现，广州市国资委和深圳市创新投资集团公司等单位在整改过程中，未制定基金监管的具体整改措施，未督促基金公司退回不合理计收的管理费”。

2018 年以后，随着国内资本市场进入长周期调整阶段，我国私募股权投资行业整体上进入了调整期。2018 年 4 月，针对我国资产管理行业存在的资产管理产品多层嵌套、杠杆不清、监管套利活动频繁、刚性兑付普遍等问题，中国人民银行、银保监会、证监会、国家外汇管理局联合发布了《关于规范金融机构资产管理业务的指导意见》（银发〔2018〕106 号，以下简称《资管新规》）。《资管新规》虽仅针对金融机构产品进行规范，但根据《中国人民银行有关负责人就〈关于规范金融机构资产管理业务的指导意见〉答记者问》意见：“私募投资基金适用私募投资基金专门法律、行政法规，私募投资基金专门法律、行政法规中没有明确规定的适用本意见。”可见私募投资基金在《资管新规》规范范围之内。据私募通的数据统计，2018 年新设立的政府引导基金规模为 1.77 亿元，较 2017 年下滑近 50%，平均募资规模也从 2017 年的 146.29 亿元下降至 2018 年的 77.72 亿元。资管新规的出台对资金募集端也产生了巨大的影响，一级市场退出的节奏缓慢又增加了风险投资资金循环的难度，在多重不利因素的影响下，引导基金的增速出现了一定的下滑。

4.2.4　第四阶段：新时代发展期（2022 年至今）

《资管新规》于 2022 年 1 月 1 日结束过渡期正式生效施行。《资管新规》对于私募股权投资行业发展具有直接影响，尤其是在资金募集上，不仅提高了投资者的适当性门槛，而且产品嵌套规则直接导致私募投资基金与金融机构产品的合作通路被限制，类似“银行理财 + 私募基金”“保险资管 + 私募基金”“非金融机构 + 私募基金”等多层嵌套模式均被禁止。

《资管新规》对创业投资基金和政府引导基金有另行规定的豁免规定，

但是根据国家发展改革委、中国人民银行、财政部、银保监会、证监会、国家外汇管理局联合发布的《关于进一步明确规范金融机构资产管理产品投资创业投资基金和政府出资产业投资基金有关事项的通知》(发改财金规〔2019〕1638号),除党中央、国务院另有规定外,《资管新规》出台后新签订认缴协议的政府引导基金,涉及金融机构发行资产管理产品出资的,应严格按照《资管新规》有关规定执行,仅在政府引导基金接受资产管理产品及其他私募投资基金投资时,该政府引导基金本身不视为一层资产管理产品。

在吸引社会资本方面,由于社会资本的募集受到严格限制,因而造成了相当部分的政府引导基金无法完成募资封闭。同时,受2018年以来出台的针对政府引导基金绩效考核的相关规则影响,政府引导基金逐渐进入了收缩发展阶段。为应对此种情况,多地政府鼓励政府引导基金提高对创投类(含天使)子基金的出资上限,如山东省加大对天使基金的支持力度,省级引导基金出资比例由原来最高可出资30%提高至40%,省、市、县(市、区)级政府共同出资比例由最高可出资50%放宽至60%;北京市科创基金将市、区两级政府对子基金总规模的出资比例也由50%提升至60%。多地政府在政府引导基金方面提出新的思路及想法,政府引导基金由此前的同质化发展阶段进入“百花齐放”的新时期。

2022年,浙江省政府率先发布《关于加快构建科技创新基金体系的若干意见》(浙政办发〔2022〕2号),提出“构建科技创新基金新体系”。科技创新基金是由政府、企业或其他投资者出资设立,投向科技创新的各类基金,明确做大做强政府科技创新基金,各级政府产业基金将科技创新领域作为投资重点,通过股权投资方式,切实发挥财政资金的杠杆效应和导向作用,引导全社会加大对科技创新的投入,淡化投资周期内经济效益评价。根据科技创新规律,对项目给予更大的风险容忍度。

2022年,财政部颁布《关于支持深圳探索创新财政政策体系与管理体制的实施意见》(财政部财预〔2022〕139号),提出“推动有效市场与有为政府更好结合,鼓励深圳整合优化财政资源布局,构建支撑现代产业发展的市政府引导基金投资新体系。支持深圳与国家级基金加强合作,鼓励国家级基金按照市场化原则在深圳布局、投资，助力深圳重点产业补链强链延链”。

4.3　我国国有风险投资发展的主要布局

4.3.1　国有风险投资分布

经历 20 余年发展积累，截至 2022 年 12 月，全国各级政府累计共设立 1503 只政府引导基金①，其中有限合伙型基金 1101 只，占比 73.25%；公司型 389 只，占比 25.88%；事业单位型 13 只，占比 0.86%。合伙企业由于其独特的法律架构及税收政策，被市场普遍接受。90% 以上的基金处于存续状态，各类基金的注销或吊销数量均低于 10%，从认缴资本规模看，处于开业状态的政府引导基金认缴总规模为 6.14 万亿元，占认缴总规模的 97.15%。

2013 年以前，我国政府引导基金处于探索发展期，发展相对缓慢，累计成立的政府引导基金为 114 只，包括此前不是政府引导基金但经后续功能调整成为政府引导基金的，如浙江省科技风险投资有限公司（成立于 1993 年）、北京中关村创业投资发展有限公司（成立于 1998 年）等。2014 年后政府引导基金进入快速发展期，数量快速增长，尤其是 2015—2017 年三年发展突出，2020 年以来整体上每年新成立的基金数量维持在 120 只左右，相对稳定。

截至 2022 年 12 月，政府引导基金认缴资本总规模合计 6.32 万亿元，其中有限合伙型基金为 3.73 万亿元，公司型基金 2.59 万亿元。按年份看，

① 政府引导基金虽然名为基金，但并非所有基金均为《证券投资基金法》管辖下的基金，部分基金并没有在中国证券投资基金业协会进行备案，尤其是事业单位或部分公司型基金，但这些未备案的基金也是代表政府进行出资或直接对外进行投资，实质上承担了政府引导基金的功能。

2016年成立的规模最大，当年突破1.4万亿元，近年来每年维持新增5000亿元左右，相对比较均衡。从单只基金规模来看，除了2014年相对特殊外，2015年以来平均单只基金的规模维持在40亿元左右。2014年成立了两只规模较大的基金，一只是国家集成电路产业投资基金股份有限公司，即集成电路大基金一期，总规模987亿元。另一只是中国铁路发展基金股份有限公司，即中国铁路发展基金，总规模3661亿元。2020—2022年三年的平均基金规模基本相当，保持在37亿元/只左右，相对于基金数量来讲，单只基金规模有逐步扩大的趋势。

就基金规模具体分布来看，将近一半基金的规模不超过10亿元，其中1亿—3亿元规模的基金数量最多为282只，占比18.80%。单只基金100亿元以上的共156只，占比10.40%。百亿基金首次出现于2010年，国创母基金是我国首只国家级大型母基金，总规模达600亿元，由国家开发银行全资子公司国开金融有限责任公司和苏州创业投资集团共同发起设立。国创母基金首期资金规模150亿元，分PE母基金和VC母基金两个板块，PE板块名为国创开元股权投资基金，首期规模100亿元，以国开金融为主进行管理，主要投资于专注产业整合、并购重组的股权投资基金。VC板块名为国创元禾创业投资基金，首期规模50亿元，以苏州创投集团为主进行管理，主要投资于专注早期和成长期投资的创投基金。百亿基金近年来每年维持新增20只左右。

4.3.2 国家级政府引导基金发展布局[①]

国家级政府引导基金是政府引导基金中的重要力量，其往往规模大、投资范围广，一般以引导具体行业的全国布局发展为目的，不受具体区域限制。截至2022年12月，共有36只国家级政府引导基金，有两个以事业单位形式运营的基金管理中心：国家科技风险开发事业中心（负责管理国家科技成果转化基金），科学技术部科技型中小企业技术创新基金管理中

① 我国国家级引导基金没有统一定义和信息公示系统，由于受到多个不同的主管部门管辖，数据难以有效准确统计，本节内容主要根据可公开搜集到的信息进行分析。

心（负责管理科学技术部科技型中小企业技术创新基金）。

国家级政府引导基金大致可以分为三大类型：第一类是有财政部出资的政府引导基金，这部分引导基金严格按照《政府投资基金暂行管理办法》（财预〔2015〕210 号）设立与运作，此类基金共约 20 只，总规模为 1.08 万亿元。第二类是以央企为发起主体财政部不参与出资的政府引导基金，此类引导基金共 14 只，总规模为 1.05 万亿元。第三类为国务院直属单位下属的事业单位，其一为国家科技风险开发事业中心，根据《中华人民共和国 2022 年国民经济和社会发展统计公报》的数据，国家科技成果转化引导基金累计设立 36 只子基金，资金总规模 624 亿元，其二为科学技术部科技型中小企业技术创新基金管理中心，科技型中小企业技术创新基金自 1999 年启动以来，截至 2019 年累计安排资金约 350 亿元，有力地支持了科技型中小企业的发展壮大。

4.3.3　省级政府引导型基金布局

从基金注册地址看，目前我国政府引导基金已经覆盖了全国 31 个省份，各省份设立了数量与规模不等的引导基金。基金注册区域分布并不完全对应本省份或本级政府的基金数量，原因是国家级基金根据实际需要或者合作方具体情况在特定区域设立。例如，中国政企合作投资基金股份有限公司、国家制造业转型升级基金股份有限公司等国家大基金设立于北京，而国家绿色发展基金股份有限公司设立于上海。国家级政府引导基金设立地比较集中，主要分布于北京、广东、上海等地区。

各省份根据区域内经济结构具体情况，采取了差异化的政府引导基金发展策略。江苏、广东、浙江、安徽、山东等地基金数量排名前五；从总规模看，广东、北京、江苏、贵州、江西排名前五；从单只基金规模来看，北京、天津、江西、湖北、贵州排名前五。政府引导基金数据与各省份经济体量数据有一定关联性但并不完全一致，排名前五的分别为广东、江苏、山东、浙江、河南，这些省份中广东、江苏、山东、浙江的政府引导基金数量及总规模均排在前列。

4.3.4 分行业国有风险投资布局

国家级政府引导基金在行业引导上相对比较明确，尤其是财政部出资设立的引导基金，例如，中国文化产业投资基金（有限合伙）、中国农业产业发展基金有限公司、现代种业发展基金有限公司、国家集成电路产业投资基金股份有限公司等都有明确的行业定位，体现了在这些特定领域发展的政府意志。

当然，有一些财政部出资的国家级引导基金不限于特定行业，而是以某些特定目的或方向设立，如先进制造产业投资基金（有限合伙）、盈富泰克国家新兴产业创业投资引导基金（有限合伙）、国投创合国家新兴产业创业投资引导基金（有限合伙）、中金启元国家新兴产业创业投资引导基金（有限合伙）等。

国资委主导的政府引导基金这方面更为突出，如国改双百发展基金合伙企业（有限合伙）、国新央企运营（广州）投资基金（有限合伙）、中国国有企业混合所有制改革基金有限公司、中国国有企业结构调整基金股份有限公司等在行业引导上都比较宽泛。

地方政府引导基金情况与国家级基金基本类似，特定行业主题引导基金与方向型引导基金并存。总体而言，地方政府引导基金在行业产业定位上经历了一个从模糊到清晰、从宽泛到精准的过程。以安徽为例，安徽省从2009年到2022年各级政府引导基金合计111只，2018年以前，引导基金在名称上相对宽泛，如安徽省三重一创产业发展基金有限公司、合肥高新兴泰产业投资基金合伙企业（有限合伙）、芜湖产业投资基金有限公司、安徽省中小企业发展基金有限公司、芜湖风险投资基金有限公司等，基本上没有行业定位。但从2018年以来，安徽省政府已经比较明确地要求政府引导基金应基于特定的行业，并相继成立了大健康、现代农业、半导体、新材料等领域的引导基金。

4.4　国有风险投资的政策目标和主要功能

4.4.1　产业引导目标

国家级国有风险投资包括科技部、国资委、工信部、国家发改委等发起方。不同部委发起设立的投资引导基金，体现不同的投资方向和领域，代表了各大部委的重点扶持方向和产业发展重点。

产业引导一直是政府引导基金设立的初衷，这是行业共识，也是体现政府意志的核心内容。《政府投资基金暂行管理办法》（财预〔2015〕210号）与《政府出资产业投资基金管理暂行办法》（发改财金规〔2016〕2800 号）文中对于政府引导基金的投向有明确要求，在地方政府的各项规范性文件中均有强调。产业引导应包括以下几个层面的意义。

行业引导。引导社会各类资本投资于经济社会发展的重点领域和薄弱环节，支持相关产业和领域发展。如 2800 号文明确，政府出资的产业投资基金应主要用于以下领域：（1）非基本公共服务领域；（2）基础设施领域；（3）住房保障领域；（4）生态环境领域；（5）区域发展领域；（6）战略性新兴产业和先进制造业领域；（7）创业创新领域。

企业阶段引导。引导社会资本投资处于种子期、起步期等创业早期的企业，弥补一般创业投资企业主要投资于成长期、成熟期和重组企业的不足。处于早期阶段的企业存在较大的投资风险，社会资本一般不太愿意介入该阶段的投资，但是这类企业往往具有更强的成长性，因此政府引导基金的投资是一种较好的纠偏措施。

区域布局引导。我国经济存在一定的区域发展差异，东部沿海地区产业结构完善，创新创业氛围浓厚，而中西部地区产业布局相对落后。通过设立政府引导基金可以在一定程度上调整产业的区域分布格局，如安徽、山东等省份通过设立政府引导基金导入了一批新兴产业企业，实现了区域内产业结构的转型升级。

4.4.2 主要功能

（1）推动重大国家科技成果转化

《国家中长期科学和技术发展规划纲要（2006—2020年）》（以下简称《纲要》）确定了16个重大专项，如01专项（核心电子器件、高端通用芯片及基础软件产品专项）、02专项（极大规模集成电路制造装备与成套工艺专项）、03专项（新一代宽带无线移动通信网专项）。为贯彻落实《纲要》，培育和发展战略性新兴产业，财政部、科技部于2011年7月决定设立国家科技成果转化引导基金。成果转化引导基金设立了8只创业投资子基金，基金规模合计超过170亿元，其中北京2只、上海2只，天津、河北、安徽和江苏各1只。这8只基金主要投向电子信息、先进装备制造、能源环保、生物医药、新能源汽车等领域具有产业化和市场化前景的国家科技重大专项成果。截至2023年10月，成果转化引导基金在项目层面带动社会资本投资超过1000亿元，引导基金放大比例达18倍。已投企业中，中小微企业占比超过90%，已有36家企业在科创板上市。

（2）资助中小企业发展

2015年《国务院关于大力推进大众创业万众创新若干政策措施的意见》（国发〔2015〕32号）出台，其中提到“建立和完善创业投资引导机制”“发展国有风险投资”等，并提到加快设立国家新兴产业创业投资引导基金、国家中小企业发展基金；鼓励各地方政府建立和完善创业投资引导基金等。2015年9月，国务院常务会议决定设立“国家中小企业发展基金”，由中央财政先行出资，引导民营和国有企业、金融机构、地方政府等共同参与，重点投资科技型、创新型、成长型中小企业。2020年5月，为贯彻落实中共中央办公厅、国务院办公厅《关于促进中小企业健康发展的指导意见》，由国务院决策部署、工信部与财政部牵头推动，中央财政与上海国盛、中国烟草等社会出资人共同发起成立了国家中小企业发展基金有限公司（母基金），注册资本为 357.5 亿元，通过投资设立子基金（同时保留部分资金用于跟随子基金直接投资相关优质项目）等方式，使基金总规模达到 1000 亿元以上。

（3）新兴产业引导

注重于新兴产业创投基金投资和直接投资，引导新兴产业发展。国投创合国家新兴产业创业投资引导基金由财政部、建信投资及国家开发投资公司等出资人共同发起设立，总规模 178.50 亿元。引导基金由中国国际金融股份有限公司子公司中金佳成投资管理有限公司担任普通合伙人，由中金启元国家新兴产业创业投资引导基金管理有限公司担任管理公司。引导基金 80% 的资金投资于从事新兴产业早中期、初创期领域的创业投资基金，20% 的资金直接投资于新兴产业领域的成长期企业。经过紧张有序的筹建工作，2016 年 9 月，国投创合国家新兴产业创业投资引导基金完成工商注册。2016 年 12 月，第一批出资人的首期出资到位。2017 年 1 月 10 日，中金启元国家新兴产业创业投资引导基金召开首次合伙人大会。盈富泰克国家新兴产业创业投资引导基金由财政部和深圳红树林创业投资有限公司、深圳市龙岗金融投资控股有限公司、深圳市鲲鹏股权投资有限公司、安徽省高新技术产业投资有限公司、河南国土资产运营管理有限公司、合肥高新建设投资集团公司等出资人共同出资发起设立，基金规模为 92 亿元。截至目前，中金启元已投资 180 余只优秀创投基金，穿透创新投资企业超过 3000 家，引导及撬动企业融资超过 8000 亿元，为激发全社会创业活力和创新潜能、支持国家关键核心技术攻坚发挥了重要作用。

4.5　发达国家国有风险投资的模式

4.5.1　澳大利亚创新投资基金

（1）基金产生的背景及设立过程

1986 年，澳大利亚政府通过了《工业研究和发展法案》（The Industry

Research And Development Act)，并建立了产业研发委员会以推动澳大利亚本国的企业创新和科学技术进步，但是此举的出台并未改变当时国内科创企业融资难、管理不成熟的问题，导致澳大利亚虽然在南半球各国中经济发展较为成熟，但是在科创领域仍落后于欧美发达国家。1997 年一项调查研究显示，澳大利亚的创新创业投资规模远小于美国和加拿大。

1997 年 3 月，澳大利亚产业研发委员会连同多个部门，尝试以政府资本进入企业的方式，为小企业提供资金支持，最终成立了"小企业创新基金"(Small Business Innovation Fund，SBIF)，同年 8 月，"小企业创新基金"更名为"创新投资基金"(Innovation Investment Fund，IIF)。

从 1998 年开始，IIF 基金的设立和资金配比发生了 2 次变化。在 1998 年 IIF 刚成立的第一次募资中，政府出资 1.3 亿澳元，吸引社会资本 0.67 亿澳元，政府出资额约为社会资本出资额的 2 倍，IIF 共参股投资了 5 家创业投资基金。在 2001 年的第二期 IIF 基金募资中，政府投资 0.91 亿澳元，私人资本出资 0.66 亿澳元，政府出资比例比第一期稍有降低，出资额约为社会资本出资额的 1.37 倍，较第一期稍有减少，第二期 IIF 基金共参与投资了 4 家创业投资基金。在第三期的 IIF 基金募资中，政府放宽了对社会资本出资比例的严格限制，政府出资 1.4 亿澳元，而吸引社会资本量高达 1.5 亿澳元，政府出资额约为社会资本出资额的 0.93 倍，IIF 参与投资了 4 家创业投资基金。从三期 IIF 基金的资金配比看，政府出资比例逐渐降低，社会资本出资比例逐渐提升，说明随着市场对 IIF 的了解程度增加和风投市场的逐步完善，IIF 的杠杆效应正在逐渐增强。

(2) IIF 的运作模式和特点

IIF 基金规则的制定者、监督者和管理者为澳大利亚产业研发委员会，负责 IIF 基金全流程的管理。申请者需要在每一期 IIF 基金设立前，向委员会提交材料申请成为子基金管理者，在通过多轮考核后，才拥有 IIF 基金 10 年的管理权。IIF 基金设立后，基金管理团队需要按时向委员会提交半年度财务报告、年度财务报告（需要经过审计）和投资决策报告（提交期限为每项投资决策后 30 天内和每个年度结束期）。

IIF 的运作本着更多让利于社会资本和子基金管理者的原则，设计了一套完整的激励机制。在 IIF 基金产生收益后，按照之前的政府和社会资本出资比按比例返还本金，偿还本金后，利息收益将通过支付投资本金的利息的形式（选取同期政府长期债券利率作为参考利率）分别向政府资本和社会资本支付，而除去利息后的超额收益部分将按照 1:9 的模式（政府 10%，社会资本 90%）进行分配，社会资本的超额收益中的 20% 收益归子基金管理团队所有，即最终政府、社会资本、子基金管理团队的超额收益分成分别为 10%、72% 和 18%。政府对社会资本获得收益进行了最大限度上的让渡，而政府资本的高出资额又可保证资本金的相对安全，因此这种激励形式十分有效，吸引了大量社会资金投资创投市场，促进了高科技企业的发展。

IIF 的目标是激发企业创新的动力，弥补和欧美国家科技创新领域的差距，因此，IIF 基金对子基金的投资领域有明确要求：①在被投企业的成长阶段选择上，要求被投资的企业应处于中早期阶段，包括种子期、初创期和中早期；②在被投资企业的规模选择上，要求被投资企业近两年的平均销售收入低于 400 万澳元或单一年度低于 500 万澳元；③在被投资企业的技术性判断上，要求被投资企业拥有可商业使用的专利或科研创新成果。在这样的要求下，IIF 的子基金大多投向了之前融资较难、风险较高的种子期和初创期创新型企业。与市场运作的基金相比，IIF 子基金更加青睐于生物医药、互联网技术等高科技领域，选择规模小的投资标的也使 IIF 的子基金单笔投资规模远小于市场化投资基金，真正实现了在风险可控的原则下覆盖市场，提升社会总体创新能力的目的。

4.5.2　美国联邦政府小企业投资计划

（1）发展历程

美国联邦政府小企业投资计划（Small Business Investment Company，以下简称“SBIC”）是美国国会在 1958 年颁布并通过《小企业投资法案》时建立的，目的是解决美国小企业由于高度的风险和不确定性，导致风险投资基金对小企业的投资意向较低，小企业难以获得稳定的长期资本用于公司发展的问题。至今，美国 SBIC 已经发展了 60 多年，梳理美国 SBIC 的发展，总共经历了三个阶段。

第一阶段：优惠利率阶段（1958—1994 年）。在 1958—1994 年，美国市场上资金短缺，小企业融资十分困难，为了解决这一问题，SBIC 向美国的 8 万余家小企业提供了高达 130 亿元的长期贷款，具体方式为，小企业可向美国小企业局（SBA）申请美国政策银行的贷款，通过最优惠的利率获得借一付三的企业贷款。这一方式解决了当时美国小企业资金的问题，对小企业的发展产生了极大的帮助和支持。

第二阶段：担保融资阶段（1994—2008 年）。SBIC 通过债权和股权担保的模式，为美国的小企业提供了 300 亿美元的融资支持，通过降低资金成本，鼓励小企业进行创新和研发，在 SBIC 的支持下，小企业在此期间共开展了三万余个创新创业项目，为美国市场注入了新鲜的活力。

第三阶段：市场成熟阶段（2008 年以来）。随着美国风险投资机制的逐渐完善和风险投资市场的逐渐成熟，2008 年后美国私人资本在市场上十分活跃，SBIC 从原来的资金提供者逐渐转变为了引导者，政府资金主要发挥杠杆作用并逐步从市场中退出。2009 年后，SBIC 对中小企业的权益类投资比例从 20% 下降至 10%，将控制权逐步返还给被投资企业，将更多的收益返还给企业控制人，进一步激发企业创新的自主性和积极性。

（2）运行模式

美国 SBIC 多采取公司制和有限合伙的制度，因为 SBIC 由政府提供担保，相较于一般的美国风险投资基金至少 3000 万美元的资本金规模，SBIC 的注册规模大多在 1700 万美元左右。政府为 SBIC 提供担保获得资金的方式为：SBIC 向 SBA 申请，通过由 SBA 购买其债券、参与式证券或担保以上两种证券在公开市场上出售的方式获得杠杆资金。SBA 有专门的部门对 SBIC 的运作实行监督，在投资前资格审查、所有权转移限制和投资行为分析等方面严格监管。

SBA 通过给 SBIC 设置正面清单和负面清单的方式，鼓励 SBIC 将更多的资金投入高科技、生物医药等产业，同时严格限制资本向房地产、金融等行业的投资，真正起到帮助中小企业的目的。SBA 以五年为一个周期对

SBIC 的绩效和行为进行评价，并且可以根据评估结果选择继续跟进或者退出投资。

由于美国资本市场层次结构丰富，市场成熟度较高，SBIC 的退出机制也十分灵活。SBIC 可以选择在被投资企业在纳斯达克市场上市后退出，也可以选择通过股权转让、并购、股债转换等方式进行退出。

第5章 国有风险投资的管理和运作模式

党的二十大要求加快构建新发展格局，着力推动高质量发展，明确指出高质量发展是全面建设社会主义现代化国家的首要任务。高质量发展是当前国内经济增速换挡、国际政治经济环境面临不确定性背景下的必然要求。当前，我国发展不平衡不充分问题仍然突出，推动高质量发展是破解发展难题、实现社会主义现代化的必然要求。国有风险投资已有 20 余年发展历史，对近年来的企业科技创新、产业结构转型升级、地方政府招商引资、拔尖人才吸引、科技密集型产业集聚等作出了重要贡献。国有风险投资作为弥补市场失灵、实现产业政策目标的重要组成部分，是促进我国实体经济高质量发展的抓手之一。

5.1 国有风险投资的出资规模和形式

5.1.1 国有风险投资出资规模

国有风险投资的出资规模近年来呈现稳中有升的态势。在国家级基金的出资机构中，截至 2022 年末，出资最多的前三大机构为国家开发银行(1923.50 亿元)[①]、财政部（1843.72 亿元）、中国国家铁路集团有限公司

① 国家开发银行以国开金融有限公司、国开发展基金有限公司为主体参与了中国铁路发展基金股份有限公司、国家集成电路产业投资基金二期股份有限公司、国家集成电路产业投资基金股份有限公司、国家制造业转型升级基金股份有限公司等几只大基金。

(1760.17亿元)。中国国家铁路集团有限公司主要出资中国铁路发展基金股份有限公司，该基金总规模为3661.17亿元，为目前我国单体最大的政府引导基金。

截至2022年末，各级地方政府引导基金认缴总规模为3.77万亿元，共有4540家出资机构出资，平均每家出资机构出资金额为8.30亿元。除西藏、吉林外，各省份政府引导基金均涉及金融机构、国有资本及民营资本的出资，资金的类型覆盖较为全面。总体而言，国有资本仍然是地方政府引导基金的主要出资来源。从认缴出资金额角度观察，在各省份政府引导基金的认缴出资中，国有资本的平均出资比例为78.60%。国有资本出资占比最高的五个省份为湖北、天津、陕西、海南、山西，其认缴出资总额超过95%，国有资本认缴出资占比最低的五个省份为福建、甘肃、内蒙古、辽宁、黑龙江，其认缴出资总额占比低于60%，其余各省份国有资本出资认缴出资占比在60%—95%之间。

金融机构平均出资比例为15.31%。金融机构出资比例最高的五个省份为辽宁、内蒙古、福建、云南、新疆，占比均超过30%。最低的五个省份为山西、陕西、甘肃、海南、湖北，除山西为1.41%外，其余四省均低于1%。个别省份金融机构出资占比较大主要是因为基金总体规模较小，金融机构对个别基金的出资额较高，从而拉高了整体出资占比，大连东北亚发展投资基金（有限合伙）成立于2016年，总规模为300亿元，其中建信资本管理有限责任公司认缴240亿元，所以该基金中的金融机构出资直接拉高了整体的金融机构出资占比。值得留意的是，福建省在政府引导基金搭建的过程中，金融机构出资力度较大，区域内华福证券、兴业银行及兴业证券是出资主力。

民营资本出资比例较高的是黑龙江与山东，均超过10%，高于全国平均出资比例的2.48%。截至2022年末，黑龙江政府引导基金规模为162.11亿元，其中黑龙江省工业投资基金（有限合伙）总规模为151亿元，占全省总规模的93.15%。在该基金的出资结构中，北京菊华投资基金管理中心（有限合伙）作为民营资本认缴出资50亿元，直接拉高了全省民营资本的出资比例。但是该基金尚未完全实缴到位，该基金成立于

2016年，截至2022年末仅对外投资3个项目，总认缴出资规模为5.2亿元，远低于基金总规模。相比较而言，山东政府引导基金的民营资本出资股东为71家，且分布比较分散，总认缴规模为31.60亿元，实现了有较多民营资本共同参与引导基金从而更好发挥社会资本作用的意图。

总体而言，我国地方政府引导基金的出资结构仍有待完善，应进一步提升国有资本的杠杆率，提升金融机构、民营资本的出资比例，进一步畅通社会资本的进入通道。

5.1.2 国有风险投资的投资形式

近年来，政府引导基金更多倾向于以股权投资的方式进行投资，包括参股子基金、直接投资、参与上市公司定向增发、跟进投资等，其中直接投资包括多项目投资与专项项目投资。实践中，政府引导基金的主管部门往往根据项目具体情况选择，成立包括母基金、子基金、专项基金、创业投资基金在内的多种引导基金形式。部分省份成立了一些特殊类引导基金，例如，山东省2019年成立了企业应急转贷引导基金，截至2022年7月底，省级企业应急转贷基金累计为全省24222家中小企业提供应急转贷资金4021.14亿元。

在全国1503只政府引导基金中，工商数据显示有对外投资行为的基金922只，其中处于开业状态的基金908只，有14只基金显示已经注销但仍保留对外投资项目记录，另有581只基金工商系统显示无对外投资记录，其中488只为开业状态，93只为注销或吊销状态。因此，从处于开业持续经营状态基金的角度而言，60.41%的政府引导基金成立后有实际对外投资行为。

从基金本身的认缴总规模看，有实际对外投资行为的基金认缴总规模为4.54万亿元，没有对外投资行为的基金认缴总规模为1.59万亿元，即超过总规模3/4的政府引导基金对外投资处于活跃状态。从基金对被投企业的出资额来看，在全部对外投资项目中已经完成对外投资2.51万亿元。基金对外投资平均持股比例为24.24%，即至少带动了10.35万亿元社会总投资。总体而言，政府引导基金的对外投资取得了积极效果。

（1）直接投资

直接投资项目是指政府引导基金直接持有企业股权，而不是通过其他基金进行间接投资。截至2022年末，在有实际对外投资的政府引导基金中，共对外投资了11156个项目，其中直投项目6012个，占比为53.89%，仍处于持续经营状态的有5783个，在全部有对外投资项目的政府引导基金中，有701只基金有直接投资行为，即76.11%的政府引导基金参与了直接投资。在直接投资项目中，政府引导基金出资总额为1.22万亿元，平均持股比例为18.13%，符合大多数地方政府引导基金政策中要求对投资单个项目不超过20%的要求，总体带动社会总投资6.73万亿元，政府引导基金有效带动了社会总投资。

返投比例是政府引导基金对外投资的重要考核指标。返投比例是政府引导基金要求基金管理人后续投资本区域内项目的比例，通常用倍数表示。数据显示，从返投项目个数来看，大多数省份均表现不俗，全国总体平均返投项目个数为5.7倍，部分省份甚至超过10倍，如贵州、吉林、江苏、宁夏、上海等，其中吉林共有10只基金有直投行为，共投资了173个项目，吉林省科技投资基金有限公司一家即投了135个项目，体现了政府引导基金“投早”“投小”的特点。从返投比例角度看，全国平均返投比例为3.04倍，排名前五位的省份为辽宁、宁夏、海南、黑龙江、甘肃，均超过5倍，其中辽宁以14.57倍居于首位，主要是因为辽宁省产业（创业）投资引导基金管理中心（辽宁社保理事会）投资了本地数家国有企业如本钢集团有限公司、辽宁省交通建设投资集团有限责任公司、辽宁省水资源管理集团有限责任公司、辽宁铁法能源有限责任公司、辽宁众源医疗器械有限公司等，以及中国农业产业发展基金有限公司投资了大连东霖食品股份有限公司，中国铁路发展基金股份有限公司投资了京沈铁路客运专线辽宁有限责任公司、丹大快速铁路有限责任公司等，这些被投资企业注册资本都比较高，因此直接拉高了辽宁的返投比例。

返投比例排名后五位的省份为青海、广东、内蒙古、江西、天津，天津返投比例为21.69%，主要是因为有两只大型基金注册资本比较大，包括天津市海河产业基金管理有限公司和中丽（天津）产城融合发展基金管理有限公司，两者认缴注册资本超过400亿元，同时被投企业以中小企业为主，从而导致返投比例偏低。北京的返投比例也比较低，主要是由于北京存在大量国家级基金，直接拉高了区域内政府引导基金的认缴资本规模，事实上北京返投金额在全国排名第一，超过9000亿元，远高于第二名上海的4600亿元。

返投项目的行业分布数据显示，被投资企业分布于93个行业分类中，前十大行业占比74.73%，其中科技推广和应用服务业，软件和信息技术服务业，计算机、通信和其他电子设备制造业等战略性新兴行业处于前列，由此可见政府引导基金较好地实现了政策目标，发挥了产业引导价值。

（2）参股子基金投资

参股子基金投资是指政府引导基金不直接投向实体企业，而是通过对其他基金进行出资，并以该子基金作为对外投资主体进行投资。参股子基金属于政府引导基金的重要运作方式之一，通过参股子基金可以进一步放大财政资金的使用效率，提升财政资金的杠杆率，同时在子基金层面通过引入专业化的基金管理机构，提高基金投资的市场化运作程度。截至2022年末，有实际对外投资行为的政府引导基金共参股了5144只子基金，由于存在多只政府引导基金共同投向同一子基金的情形，扣除重复投资行为后共有4734只子基金。

通过对公开信息进行查询共获得4657只子基金的工商相关信息，数据显示政府引导基金对子基金的认缴出资规模为1.62万亿元，平均认缴持股比例为31.87%，子基金总认缴规模为5.08万亿元，即政府通过参股子公司进一步放大了政府引导基金的杠杆作用，有效带动了社会总投资。全部子基金共有31800家出资单位，平均每家出资机构出资6.83亿元。数据显示有3379只子基金存在对外投资行为，1278只子基金没有对外投资行为，即超过72.55%的子基金存在实际投资行为。3379只子基金共投资了28179个子项目，扣除重复投资项目后共有17906家实体企业，包括3466只孙基金以及14440个直接投资项目，孙基金还会进一步放大对实体项目的投资数量。按照政府引导基金直接投资项目对单个项目不超过20%的出资比例估算，参股子基金的对外投资有效带动了总计约25万亿元的社会总投资。

子基金更接近被投资企业，对于政府招商引资具有更直接的推动作用。在所有开业的子基金中，从区域分布来看，子基金数量排名前五的省份是江苏、广东、浙江、北京、山东。根据子基金规模排名，位居前五的省份分别是广东、江苏、北京、浙江、上海，其中广东子基金规模超过9200亿元，占全国的总比例为20.03%。总体而言，经济发达和市场化程度更高的省份，子基金更为活跃。

5.2 国有风险投资的管理模式

政府引导基金按照市场化原则进行投资运作，市场化原则包括经营主体市场化、日常管理市场化、投资决策市场化、利益分配市场化等多个方面，严格遵守出资人（所有权）与管理人（管理权）分离的原则运作，政府一般不参与政府引导基金的日常运作。

5.2.1 政府引导基金行业自律机制

2014年，随着《私募投资基金监督管理暂行办法》（中国证监会令第105号）的实施，私募基金的监管部门与监管规则正式明确。凡在国内以非公开方式向投资者募集资金设立的投资基金，均应到中国证券投资基金业协会备案。根据2020年证监会《关于加强私募投资基金监管的若干规定》（〔2020〕71号），除非有特别规定，未在基金业协会备案登记，任何单位或者个人不得使用“基金”“基金管理”字样或者近似名称展开私募基金业务活动。

政府引导基金是否应到基金业协会备案，从规则上理解主要有两个争议点，其一是政府引导基金的出资过程是否构成“资金募集行为”，其二是政府引导基金的名称是否使用了“基金”“基金管理”的字样。实践中，并非严格按照基金业协会的要求进行备案。比如，在1503只基金产品中，在基金业协会有产品备案记录的共864只，占比57.52%，没有备案记录的638只，占比42.48%，即约四成政府引导基金没有协会的产品备案记录，其中包括一些著名的大型基金，如国家集成电路产业投资基金股份有限公司、先进制造产业投资基金（有限合伙）等。在未备案基金中有部分基金既是基金产品同时也是基金管理人，如宁波市创业投资引导基金管理有限公司、国家制造业转型升级基金股份有限公司等。随着政府引导基金进一步规范运作，上述情形预期会逐步改善。

5.2.2 政府引导基金运作机制

根据基金业协会披露的股权类私募投资管理人数据，截至2022年末，1503只政府引导基金共由721家有协会备案的基金管理人管理，平均每家基金管理人管理约2只政府引导基金，基金管理人总体集中度不高。考虑14303家私募股权、创业投资基金管理人的总量，仅有5.01%的基金管理人参与或曾经参与过政府引导基金，渗透率相对处于低位。从地域分布数据看，政府引导基金的管理人注册地主要分布在广东、北京、上海、浙江等私募基金发达的地区，数量排名前五的省份有354家管理人，接近总量的一半。

政府引导基金总体来看是由实力较强、管理经验相对丰富的基金管理人进行管理。大部分基金管理人均成立于2018年以前，2018年以来注册成立的基金管理人仅为75只，政府引导基金的管理人平均管理基金产品数量为6.85只。同时，所有参与政府引导基金管理的基金管理人总计管理基金产品4939只，截至2022年底，私募股权投资基金（31523只）和创业投资基金（19353只）合计为50876只，参与过政府引导基金的基金管理人所管理的基金产品占比为9.70%，因此，政府引导基金的管理人实力在全行业中相对较强，管理门槛较高。

在参与政府引导基金管理的基金管理人中，管理规模超过100亿元的基金管理人有99家，占比超过13.73%。从基金管理人的所有制性质来看，政府引导基金的管理人将近 2/3 为政府全资或控股的基金管理人，表明政府引导基金的市场化程度仍然不高。设立政府引导基金的本意是通过引进专业机构，引进社会资本，政府仅作为出资人出现，但如果政府引导基金最终仍然是由政府控制的基金管理人管理，那可能意味着这些政府引导基金实质上仍然是由政府管理的，受专业能力、考核机制等影响，其投资决策的市场化程度或许仍较为有限。

5.3　国有风险投资管理机构的典型案例

5.3.1　深圳市创新投资集团有限公司

（1）基本情况

深圳市创新投资集团有限公司（以下简称“深创投”）成立于 1999 年，现注册资本 100 亿元，管理各类资金总规模约 4665 亿元，现有股东 13 人，深圳市人民政府国有资产管理监督委员会持股 28.1952%，为实际控股股东。深创投是全国成立最早的国资控股创业投资机构之一，现已发展成为国内实力最强、影响力最大的本土创投集团公司之一。截至目前，深创投累计管理各类资金规模超过 4700 亿元，培育助推一大批优秀企业成长，所投资企业数量、投资企业上市数量均位居国内创投行业前列。商汤科技、西部超导、宁德时代、迈瑞医疗、中芯国际、澜起科技等明星企业成长上市背后，都曾有深创投的参与。

深创投以发现并成就伟大企业为使命，致力于做创新价值的发掘者和培育者，已发展成为以创业投资为核心的综合性投资集团。深创投目前管理基金包括：182 只私募股权基金、16 只母基金、20 只不动产基金，同时，集团下设国内首家创投系公募基金管理公司——红土创新基金管理有限公司。围绕创投主业，深创投不断拓展创投产业链，专业化、多元化、国际化业务迅猛推进。

创投业务板块方面，深创投主要投资中小企业、自主创新高新技术企业和新兴产业企业，涵盖信息科技、生物技术及医疗健康、智能制造、新能源、新材料、互联网、消费品及现代服务等行业领域，覆盖企业全生命周期。公司坚持“三分投资、七分服务”理念，通过资源整合、资本运作、监督规范、培训辅导等多种方式助推被投资企业快速健康发展。

截至2024年1月31日，深创投投资企业数量、投资企业上市数量行业领先，包括已投资项目1794个（企业1499家），累计投资金额约1077亿元，已退出568家投资企业（含IPO）。其中，264家投资企业分别在全球17个资本市场上市（不含新三板）。专业的投资和深度的服务，助推了康方生物、怡合达、腾讯音乐、西部超导、宁德时代、华大九天、迈瑞医疗、天岳先进、恒玄科技、中芯国际、信维通信、睿创微纳、潍柴动力、复旦微电、华大基因、英科医疗、荣昌生物、澜起科技、稳健医疗等众多明星企业成长，也成就了深创投优异的业绩。

（2）探索与实践

深创投作为国有创投企业，始终紧跟党中央决策部署开展投资业务。比如，基于支持我国半导体设备产业链发展的初心和对国内半导体行业前景的持续看好，深创投成立了半导体设备研究小组，广泛走访国内半导体设备厂商、下游代工和封装厂商。通过对产业链的深度研究，投资团队挖掘出一批优秀的半导体设备公司。

把握国有资本优势，兼具市场化资本创新本质。深创投发挥了国有资本优势，创造性地开拓出政府引导基金业务，并为此设立了以“红土”为名的一系列区域基金，具体表现在以政府资源渠道为支撑，深创投得以低成本、快节奏的方式，在全国逐步建立起一个庞大的基金管理网络。但同时，深创投也牢牢把握住了创投的本质，充分尊重市场原则，这不仅体现在对于被投项目的选择上，同样也体现在机制上。早在成立之初，深圳市政府便确立了深创投的基本原则：“政府引导、市场化运作，按经济规律办事、向国际惯例靠拢”。比如在激励层面，为与市场接轨，解决人才流失之困，深创投很早就将最初的“2+8”的激励机制提升至“4+10”，同时在新设立的商业化基金中，深创投也尝试推行管理团队和核心骨干持股计划，以此跟上市场的步伐。

发现并成就伟大企业。深创投以此为使命，致力于做创新价值的发掘者和培育者。深创投善于挖掘前沿项目，始终保持自己的投资节奏，早在 2003 年就成立了国内创投行业第一家博士后工作站，深度研究最前沿技术和相关赛道，并从相关赛道里精选领头羊，为公司投资决策提供参考。

投资机制灵活。深创投优势还体现在募投管退机制成熟且灵活，比如在决策层面，由于深创投在医药领域设立有专业的投资团队，所以并不需要在集团层面进行层层审批，同时也不会将项目的最终投资决定权交由“门外汉”，而是由专业团队进行全权管理。

5.3.2　江苏高科技投资集团

（1）基本情况

江苏高科技投资集团（以下简称“江苏高投”）是国内较早设立的省级股权和创业投资机构之一，秉持“忠诚、勤勉、专业、协同”理念，在深度融入区域经济高质量发展大局中找机遇、谋发展。多年坚持以“政府实施产业转型升级、国企发展战略布局的专业化抓手和市场化有竞争力的品牌投资机构”定位自身，聚焦股权投资、资产管理和服务政策目标类业务三大板块，持续优化业务布局、提升质量效益。截至 2023 年末，集团累计管理资本规模超 1400 亿元，投资支持了 1300 多家创业企业，助推其中近 260 家成功登陆境内外资本市场。

江苏高投坚持人才引领战略，打造了一支规模相当、结构合理、德才兼备、精干高效的高素质专业化人才队伍，在国内重点区域设立分支机构，拥有专业投资研究院和股权投资领域国家级博士后工作站。江苏高投获评“中国创投 20 年 20 大机构”“中国竞争力创投机构”“中国卓越创业投资机构”“省级创业投资品牌领军企业”等荣誉，长期居中国私募股权投资和创业投资机构排行榜第一方阵，现为中国投资协会股权和创业投资专委会联席会长单位、江苏省投资基金业协会会长单位、江苏省创业投资协会会长单位、江苏省天使投资联盟理事长单位等。

（2）探索与实践

遵循“四个必须”，锚定“五能”夺取“开门红”。江苏高投坚持以新形势下江苏省工作的总要求、总目标、总蓝图为主线，自觉以“四个必须”为重要遵循，坚持投资“赋能”、改革“释能”、平台“聚能”、专业“储能”、党建“育能”，坚持履行私募股权和创业投资主责主业，坚持在国企改革和资本市场同频共振中锐意进取、稳健发展。

坚守两个定位比肩一流，践行金融强国使命。江苏高投始终坚持两个定位：政府实施产业转型升级、国企发展战略布局的专业化抓手，以及市场化有竞争力的品牌投资机构。江苏高投坚持把党的领导融入公司治理各个环节，严格落实党委会前置研究讨论董事会、经理层决策重大事项的程序，明确党委在决策、执行、监督各环节的权责和工作方式。

深化国资国企改革，不断激活集团活力效率。作为推进新时代国企改革的基础性重要工作，江苏高投的董事会建设为全省国资国企改革进行了实质性探索。集团组织召开外部董事座谈会，为集团高质量发展行稳致远建言献策，切实发挥集团董事会“定战略、作决策、防风险”的重要作用。深化改革不仅推动了江苏高投快速发展，更重要的是促使集团私募股权和创业投资业务形成新模式，由国有独资单独运作变为“国有企业＋混改企业”共同开展，有效破除了国有创投机构发展束缚。

坚持投小、投早、投硬科技。江苏高投以科技自立自强和产业自主可控为导向，坚持围绕“强链补链”“专精特新”“卡脖子”技术难题攻坚等开展投资，加强对“硬科技”企业投资，选出“好苗子”，加强对产业链龙头企业的投资，推动其发挥创新驱动示范效应，带动产业链向高端化发展。例如在生物医药领域，江苏高投以点带链、以链带面，围绕创新药、医疗器械等产业链深入布局，发掘出医疗设备领域龙头企业康泰医学、曾攻克化药合成界“珠穆朗玛峰”的皓元医药、国内抗艾滋病创新药物研发领军者艾迪药业等30余家“好苗子”。

保持战略定力，打通资金堵点。面对企业融资矛盾，江苏高投保持战略定力“逆风前行”，着力打通企业资金堵点。为破解优质企业融资难题，江苏高投打造投融资大数据对接平台，破解企业和资本间信息不对称问题，引导更多社会资本加大投入。例如，江苏高投搭建的生物医药投融资大数据对接平台目前已汇聚全省 45 家生物医药园区、6800 余家优质生物医药企业信息，推动投资机构与企业"双向奔赴"，累计帮助 240 余家生物医药企业对接投资机构，促成融资规模近 30 亿元。

搭建创新生态圈，持续推动多链融合。在链接人才资源方面，江苏高投本部建设人才创投联盟、人才创新创业路演中心，邀请企业和优质创投机构参与，搭建产业、资本、人才对接桥梁；在链接资本市场方面，江苏高投与上交所、深交所合作共建江苏企业上市培育基地，为企业提供上市辅导、项目推介、人才培训等多项服务。企业处在不同成长阶段时对资源的需求存在差异，江苏高投聚焦企业在不同发展阶段队伍建设、企业治理、科技研发等需要，从"投"到"管"瞄准科技创新和产业发展方向，助力企业实现快速成长，提升产业链韧性。

5.3.3　中国国投高新产业投资有限公司

（1）基本情况

中国国投高新产业投资有限公司（以下简称"国投高新"）成立于 1989 年 4 月，注册资本金 24.95 亿元，是首批国有资本投资公司改革试点单位国家开发投资集团有限公司（以下简称"国投集团"）着力打造的前瞻性战略性新兴产业投资平台，主要从事直投业务和股权基金投资管理业务。

作为国投集团服务国家创新发展、助力国家产业链安全的平台、新材料业务投资运营管理平台及科技创新产业孵化平台，国投高新重点发展先进陶瓷、生物制造、半导体、高温合金等新材料业务，并在航空航天、新能源、医药医械等产业领域广泛布局。公司目前拥有亚普股份、神州高铁、波林股份、鑫垚股份、钛金科技 5 家控股企业，受托管理国投中鲁，同时通过国投创新、国投招商、国投创合、国投创业、海峡汇富 5 家基金管理公司，形成覆盖 VC、PE、FOF 及区域性基金的多元格局。截至 2023 年末，公司资产总额 364 亿元，营业收入 136 亿元。

（2）探索与实践

营造活力动力全面深化改革。国投高新在深化用人机制改革、完善激励机制、加强党的领导、优化业务布局等方面同步推进改革任务。2015—2021年改革数年间，国投高新经营业绩稳步提升：资产总额增长133%，主动管理基金规模提升4倍，累计向集团贡献利润超过120亿元，累计现金分红超过58亿元；业务转型效果明显：新兴产业控股业务占公司资产总额比例由26%提升至50%，新兴产业控股企业数量由2个提升为6个，控股上市公司数量由2个提升为4个，国家级政府产业投资基金9只，吸引带动社会资本2350亿元，项目投资放大效应达20倍；奖金收入占比加大：职工绩效奖金占工资收入的比重由21%提升至55%；人才结构持续优化：研究生及以上学历人员占比由27%提升至52%，入选省部级以上人才计划或获省部级以上科学技术奖励的科技人才19人，常年外聘院士1人，合作院士1人；改革示范作用显现：案例入选国资委《国企改革探索与实践》《改革样本：国企改革“双百行动”案例集》书籍。国投高新作为国企改革尖兵，始终走在改革前端，2016年承接国投集团“授权试点改革”、2018年入选国企改革“双百行动”、2020年启动落实“三年行动方案”、2023年超额完成年度任务，发展思路更加清晰、业务转型取得积极进展，改革成效明显。

优化产业结构支撑自立自强。突出国有基金品牌，聚焦战略性新兴产业行业方向。发挥好“探头”“触角”作用，落实“双轮联动”，在严格遵循各基金战略定位和投资方向，有效发挥国家级基金的引领带动作用的前提下，充分发挥基金在投资开发覆盖广度、深度与灵活度上的优势，在垂直细分行业领域形成差异化、专业化竞争优势，为控股投资新兴产业奠定基础。持续探索“双轮联动”落实路径，一是挖掘雪中送炭式困境投资机会，在项目遭遇发展瓶颈或困境的关键节点，发挥国资担当，敢于善于对国家战略大力扶持、具有原创核心技术、未来发展前景良好的项目提供支持；二是长程陪伴、先参后控与基金共同投资结合，随着企业在技术验证、市场竞争中不断脱颖而出，基金可单独或联合国投高新在后续融资轮次中持续加注，合计维持较高股权比例，持续陪伴、助推企业发展壮大。

专注提升新兴产业影响力。存量方面，加速推进外延并购及内生增长，从点状分散布局向构建创新生态圈转变，注重已投企业的培育壮大，挖掘、引导、放大已布局企业协同互助的作用；增量方面，强化战略驱动，多维度聚焦有影响力的两类项目：即业务相对成熟且仍有空间、规模效益突出、具备强大研发能力的行业龙头企业和专注细分市场、聚焦“卡脖子”、自主可控、进口替代等高精尖技术的专精特新企业。

深化质量效益加强经营管理。通过差异化管理，科学把握保持并激发企业市场化活力与规范控股企业管理之间的平衡尺度，在以有效激励约束机制保障企业经营活力的前提下，将国投高新多年沉淀的成熟、有效管理措施，及时指导下属企业坚决贯彻执行，同时结合企业差异化的市场环境、功能定位、发展阶段、治理能力、管理水平等，按照“一企一策”、分级分类原则精准落实。

发挥专职股权董事在推动混合所有制企业高质量发展中的积极作用。按照“制定制度、派出人员、履职实践”三步走的思路，逐步探索推行“能力匹配、立足一线”的专职股权董事运行机制。结合企业不同特点，国投高新派出管理经验丰富、资源协调能力强、德才兼备的专职股权董事，帮助企业解决复杂问题、防范化解风险、助力业绩增长。

5.3.4　典型国有风投的城市案例——合肥模式

合肥地处我国中部地区，紧邻长三角地区，2020 年实现了地区生产总值（GDP）突破万亿大关的历史性突破，2023 年以 1.27 万亿元在全国城市 GDP 规模排名中提高至第 20 位。合肥常住人口的人均 GDP 从 2005 年的 1.61 万元增加至 2023 年的 13.01 万元，增幅高达 708.07%。一般公共预算收入从 2005 年的 57.64 亿元扩大至 2023 年的 929.6 亿元，增幅高达 1512.77%[①]。在高速发展的背后，政府引导基金发挥了至关重要的作用。合肥政府在招商引资方面改变了传统做法，由政府充当风险投资人，直接

① 数据来源：合肥市人民政府网站和合肥市统计局网站。

投资对当地有战略价值的产业，由此吸引和带动众多项目落地。在投资界，这种以政府基金为主导、以产业招商为先导的新投资方式，被称为“合肥模式”。

（1）平台项目联动的资金杠杆

为了让政府资本招商新模式更有效地运作，合肥市国资委成立了三个国有资本投资平台：合肥市产业投资控股（集团）有限公司、合肥兴泰金融控股（集团）有限公司和合肥市建设投资控股（集团）有限公司。这三个平台由专业团队进行市场化运营。同时，合肥市国资委还联合中信银行、招商银行等头部金融机构，以这三个平台为依托，共同设立了规模近千亿元的产业基金群。这些基金群为本地政府部门招商引资提供强有力的资本支持。

2022 年，由安徽省投资集团联合安徽叉车集团共同组建的安徽省新兴产业发展基金有限公司正式成立，其中新兴产业发展基金注册规模为 100 亿元，主要投向安徽省十大新兴产业，目的是运用资本力量引导社会资本向安徽聚集，为新兴产业发展提供来自各个方面的资本支持，以更好地服务“双招双引”和“三地一区”建设。合肥国有资本不断做大做强，同时有力推动了新兴产业快速发展。

（2）项目赋能供应链的产业布局

合肥市政府高瞻远瞩地将目光投向了芯片这一高精尖产业。通过前瞻性布局集成电路产业集群，合肥市着力打造“芯屏汽合、急终生智”产业新地标，以全生命周期投资模式，推动产业链上下游协同发展，助力合肥经济高质量发展。合肥市以 2008 年和京东方的合作为龙头，以长鑫存储、晶合集成等为代表，构建了完整的集成电路产业链。京东方作为全球领先的面板制造企业，对驱动芯片有着巨大需求。合肥市抓住机遇，大力发展晶圆制造产业，填补了国内细分产业链的空白。在龙头项目成功落地的基础上，合肥市乘胜追击，设立专项政府引导基金或市场化联合投资基金，布局以芯屏基金、新站基金为代表的一批市场化基金。充分发挥国有资本集聚市场资源的优势，合肥市积极开展产业链供应链投资，推动产业集群向纵深发展。合肥市集成电路产业集群的快速发展，不仅为自身经济发展注入了强劲动力，还为国家战略性新兴产业发展作出重要贡献。

截至2017年末，京东方在合肥的投资已超1000亿元，按照10倍的乘数效应保守估算，京东方投资带动的GDP相当于合肥市一年GDP总量。通过引进一批优势主导产业、战略性新兴产业项目，合肥不断强化产业基础，进而吸引产业链上下游企业落户，实现产业集群发展，有效发挥产业链之间的协同效应。

（3）国有资本适时进退的良性循环

合肥探索出“引进专业团队→国有资本投资引领→项目落地→通过上市通道退出→循环支持新项目发展”的产业运作模式，即国有资本通过风投，成功带动战略新兴产业项目落地，然后国资通过市场化方式安全退出，实现资产的保值增值。如2018年4月，芯屏基金公开转让安世半导体项目七成份额，较初始投资增值131.62%。此外，合肥还出台或修订投资、融资、担保、产权交易、损失核销等40余项制度，以此规范企业经营行为并激发企业活力。例如，针对市属国有企业特别是平台公司债务风险压力较大的情况，市国资委以全面预算管理为抓手，对企业资产负债率及负债预算水平进行压降调控；通过发行企业债、中期票据等方式降低融资成本，争取多渠道增加资本金投入，积极改善资产负债结构，确保企业资金链安全。

5.4 国有风险投资机构面临的若干挑战

5.4.1 投不准：基金设立的政策性和商业性冲突

一些地方基金规模增大，但对项目的支持力度反而有所减弱。“投早、投小、投科技”本应是政府引导基金的初心，自带风险投资属性。但是，财政或国有资金要求保证投资安全的前提下实现保值增值，两者间存在一定矛盾。一方面，政府引导基金主要应投向经济转型、产业升级、科技创新等领域，助力种子期、初创期企业发展壮大，项目风险相对较高，在政府深度参与项目投资的背景下，财政资金风险有所加大，或存在资金回收慢甚至资金损失等风险。另一方面，部分地区受制于财政资金安全性压力，对风险相对较高的新兴产业项目投资意愿较低、投资决策较为保守，且对基金管理人形成较为严格的问责追责条款，或在一定程度上降低基金管理公司对优质项目的判断力及定力，投资项目选择或受限，部分初创型企业或难以获得政府投资基金的关注。很多基金在协议中规定投资初创期、早中期企业的金额不低于规模的50%、60%，但实际投资往往只有10%、20%。

特别值得注意的是，近年来各地方政府引导基金规模越来越大，有的城市达到几百亿元甚至上千亿元。基金规模越大，越希望投大项目、投中后期，如创业投资类项目主要投资B轮、C轮、Pre－IPO轮等，A轮以前基本不参与。正如部分基金管理者指出，100亿元规模的政府引导基金，如果投资大型产业项目，单个项目可能需要10多亿元甚至几十亿元，100亿元投5—10个项目就投完了，但如果投资小项目、早期项目，可能需要投几百个项目，难度较大，最终收益不一定好。

市场化私募股权投资基金以企业成长潜力和效益作为投资选择原则，与传统债权投资最大的不同就是最后通过股权的变现获取经济回报。而政府投资基金的设立目标更关注社会效益，即政府希望以设立股权投资基金的方式，引入发展资金带动本地优势产业或者是本地急需发展产业快速发展壮大，带动区域经济的发展。在实际运营中，政府投资基金很多不以营利为目的，只需要实现投资的保值或增值即可。而反观社会资本在参与政府投资基金的过程中，不管是一般合伙人还是有限合伙人，目的也非常明确，就是经济效益最大化。社会资本在参与政府投资基金时关注的方向，一方面是项目本身；另一方面更看重政府信用的背书，看中政府掌握的项目资源，往往抱着跟着政府走“只赚不赔”的思想。由此，政府基金与社会资本两者在定位和目标上的不一致性，会使后续投资面临目标冲突。

5.4.2　撬不动：政府引导基金撬动效应未充分发挥

政府引导基金重点在于“引导”，即引导资金投向符合国家发展战略的新兴领域和重点环节，引入社会资本参与区域产业发展，发挥财政资金的杠杆效应。在实际操作中，仍存在一些问题导致撬动作用不足。

财政或国有资金占比过高。部分地方政府为实现政策目标，存在财政以及国有企业出资项目占比较高等现象，对社会资本产生一定的挤出效应，一些优质项目社会资金想投却进不去，一定程度上限制了财政资金杠杆放大的作用，不利于扩大财政资金辐射范围。

行政审批过于烦琐。一些地方政府引导基金市场化程度不高，虽然名字叫引导基金，但投资决定依然参照政府财政资金拨付的流程，审批程序较为烦琐。比如，一些省份将引导基金作为当地金融控股集团下属的子公司或孙公司管理，一个投融资决策需要层层上报，甚至需要几十个环节，社会资本望而却步。

资金到位不及时。2020 年疫情发生以来，民生医疗、社保就业等财政支出增加，叠加土地出让收入下滑，地方财政收支矛盾加剧，政府引导基金的支持或有所弱化。清科近期调研数据显示，约有 30% 的受访者认为，在政府引导基金募集过程中，存在财政资金不足、到位不及时等问题。此外，当前市县级成立引导基金的积极性高，政府部门基金存在重复、分散、弱小等问题，对社会资本的吸引能力进一步减弱。

5.4.3　管不好：引导基金管理专业性有待提升

地方政府与基金管理人之间激励不完全相容。前者侧重于推动本地产业发展，后者侧重于管控投资风险和收益的权衡。经济发达地区产业项目多，基金管理人投资受到行政干预少，政府与基金管理容易形成良性循环。但是，经济欠发达地区产业基础薄弱，基金管理人在本地投资的意愿和投资规模可能不大，地方政府为把资金尽量留在当地，往往要求较高的基金返投比例和本地投资比例，导致很多有实力的基金管理人不选择经济欠发达地区，形成恶性循环。从基金管理的角度看，政府虽然可采取母基金模式将资金委托给基金管理人使用，但自身也需要有一定的专业投资判断能力，以便对基金使用绩效进行评估，更好发挥基金作用。多数市县级基金的对口负责人并没有实际管理经验，且经常变动，财政或国资部门履职监管既没能力也没动力，导致原来规定的激励约束机制、例行报告制度、定期绩效评价等往往成为“花架子”。实际上，许多政府引导基金使用效率不高，基金闲置问题较普遍。

地方政府的行政干预时有存在。从决策理念来看，很多政府在发起设立政府投资基金时，一方面基于长期以来形成的行政思想，认为政府发起的基金的运作就要服从行政安排，另一方面也是对国有资金监管的需要，认为政府的钱不能乱投，从而要求对基金有重要话语权。因此，在政府投资基金发展初期，出现大量的由政府主导的项目，这就重新回到了政府引导基金的直投模式，即“政府决定往哪投”。随着各地政府对于投资基金模式认识的深入，尤其是对于私募股权基金运营模式的认识，政府一般仍会要求持有一票否决权，即“政府决定不投哪”。在实际运行中，类似这样“全盘主导”或是“一票否决”，在各地政府投资基金的合同约定中屡见不鲜，这样的权力分配本质上违背有限合伙制基金的运行原则，直接导致基金运行决策效率和实际效果不尽如人意。

管理机制权责不清。从管理机制来看，政府投资基金一般采用有限合伙制，本意是借助专业机构的专业能力与资源，完成基金的“募投管退”。在有限合伙制基金中，政府、社会资本方作为有限合伙人（LP）只负责出资，基金管理机构作为普通合伙人（GP）负责资金募集和基金日常管理，有限合伙制基金的决策架构一般由投资决策委员会组成。投资决策委员会可以理解为公司制度里面的董事会，决定基金投资的日常事务。按照目前政府投资基金的通常做法，政府资金在单个基金的投资上限一般不超过30%，但是在实际运行中，往往要求的投票权与话语权要远超出资比例，极易导致基金在日常运营中权责不清，当政府资金与社会资本投资意向不一致时，难以单纯地依靠市场手段解决争端。

部分政府引导基金内控不佳。部分政府引导基金前期运作存在明股实债、担保承诺等现象，加剧地方政府隐形债务风险，政府引导基金前期本着不与市场争利、吸引社会资本进入的理念，通过直接让利和优先回购满足银行、保险等金融机构的风险收益需求。这种地方政府背书、对未来的基金股份回购资金来源作出连带担保的承诺，增加了地方的隐形债务风险。有的政府引导基金中优先劣后的权益分层结构容易产生明股实债现象，导致地方政府隐形债务增多。从实践看，近年来地方财政普遍紧张，政府引导基金或可能成为地方政府隐形债务扩张的渠道之一，经由地方融资平台和政府引导基金渠道违规举债情况时有发生，使地方政府或有债务激增。

5.4.4　退不出：政府引导基金退出渠道较单一

政府基金退出一般有资本市场公开发行（IPO）、并购、大股东回购、协议转让等方式。目前，国内退出方式在基金份额转让、并购、IPO 等渠道均受到一定制约。

协议转让限制多。政府引导基金的份额转让形式适用于《企业国有资产交易监督管理办法》的范围，办法规定“政府设立的各类股权投资基金投资形成企业产（股）权对外转让，按照有关法律法规规定执行”。从实际情况看，有关部门尚未对政府引导基金转让的产（股）权资产流程进行特别规定，政府引导基金对私募股权基金持有份额转让，需经产权交易所的招拍挂手续。目前，北京、上海两地区域性股权市场已启动股权投资和创业投资份额转让试点。在江苏、浙江、山东等东部省份政府引导基金占比较高的情况下，对私募股权基金持有份额的转让仍较为困难。

市场并购生态不完善。在美国等资本市场较发达的地区，并购是基金退出的主要方式，但我国企业并购面临很多阻碍。从并购实施主体看，我国主要是国有企业、上市公司等大型企业，国有企业并购面临一系列复杂流程，上市公司并购又面临不确定性较高的审批门槛。

IPO 要求严格且时间较长。虽然我国已实行 IPO 注册制改革，但仍有较为严格的利润、资产规模等要求，即使在门槛较低的北交所，也要求最近2年的净利润均不低于1500万元，且加权平均净资产收益率不低于8%，或最近1年净利润不低于2500万元，且加权平均净资产收益率不低于8%，再加上北交所排队公司数量较多，通过IPO退出也非易事。

第6章

国有风险投资的典型案例：元禾控股①

苏州元禾控股股份有限公司（以下简称“元禾控股”）是一家由苏州工业园区管委会控股，江苏省国信集团参股的国有投资企业。自 2001 年成立以来，始终聚焦股权投资领域，围绕创新企业投资、科创产业服务、科技人才引育、科技金融融合，坚持国家使命、坚持政府引领、坚持市场化专业化国际化，实现了国资保值增值和区域产业协同发展，逐步发展成为国内一流的股权投资机构。在多年的成长历程中，元禾控股以“引领股权投资发展，践行科技金融创新，创造持续领先价值”为使命与愿景，搭建了股权投资和债权融资相结合的一体化投融资业务体系，辅以专业的投融资服务支撑体系，通过三大业务板块在资本运作、风险控制、营运配置等方面的协同运作，在探索金融创新、促进科技创新、引导基金集聚、助推产业升级等方面形成了良好的做法。

6.1　元禾控股的发展历程

6.1.1　元禾控股简介

元禾控股是由苏州工业园区管委会控股、江苏国信集团参股的国有投

① 本章主要资料来源为苏州元禾控股股份有限公司官网 https://www.oriza.com/，以及上海证券交易所、上海清算所、苏州工业园区管理委员会、苏州市国资委、中诚信国际、苏州工业园区公共资源交易中心、企查查公布企业年报、会计报告和信用评级报告。部分材料根据 wind、同花顺、东方财富等提供的第三方财经媒体或券商公开资料整理，本章节涉及的企业财务、主营业务、经营结构、人员构成等仅供参考，不构成任何投资建议。

资企业，成立于2001年末，注册资本34.63亿元。自成立以来，元禾控股深耕股权投资领域，长期从事创新企业投资、科技人才引育、科创产业服务的工作，搭建了专业的债权融资和投融资服务支撑体系，促进了科技与金融的全面深度结合，如今已成长至千亿元级参天大树，跻身国内一流股权投资机构之列。元禾控股在发展历程中不断探索体制机制创新，努力实现国有资产保值增值和区域产业的协同发展，竭力为“强富美高”新江苏建设贡献国有创投力量（见表6-1）。

表6-1　苏州元禾的发展历程

2001年	11月	中新创投成立，园区首家创投企业
		与台湾怡和创投合作
2005年	4月	设立国内第一只中外合作非法人制创业投资基金
	10月	设立生物公司，打造园区生物纳米科技园，完善战略新兴产业投资布局
2006年	9月	香港华圆成立，首个境外投资平台
		与国开行合作设立国内第一只市场化运作创投母基金
2007年	3月	开启园区科技领军人才投资，对领军项目“应投尽投”
	5月	元风基金成立，首次募集人民币社会资本
	8月	收获首个上市项目
	9月	苏州创业投资集团成立，为企业提供全方位资本服务
2009年	4月	国内第一批获得科技部、财政部“科技型中小企业创业投资引导基金”投资
	5月	发行国内第一单创投企业债
		东沙湖股权投资中心启用
2010年	6月	元禾重元成为首个市场化平台，专注于成熟期投资，帮助企业“从大到强”
	12月	经国务院批准，联合国开金融发起设立国创母基金
2011年	7月	元禾沙湖金融成立，打造全国领先的基金服务社区
		在中组部人才局指导下，设立中国创业人才投资中心
	8月	禾裕科技金融成立，为企业提供科技贷款、融资租赁、信用担保、商业保理等全方位债权融资服务

续表

2012 年	4 月	元禾辰坤成为母基金管理平台，率先建立完整的母基金投资与管理体系
	11 月	更名为元禾控股，开启打造自主品牌
2013 年	9 月	元禾原点成为早期投资管理平台，助力企业“从无到有”
2015 年	4 月	元禾谷风成为首个海外美元管理平台，专注北美区域投资
	11 月	完成股份制改造，进一步完善公司治理结构
2016 年	7 月	时任江苏省委书记李强调研东沙湖基金小镇
	12 月	主导管理基金规模超 500 亿元
		开启“应网尽网”信息化工程，内部管理提质增效
2017 年	3 月	设立博士后科研工作站
	9 月	元禾厚望成为成长期投资管理平台，助力企业“从小到大”
		成为工商银行总行、招商银行总行资管业务首批合格管理人
2018 年	1 月	元禾璞华成为集成电路投资管理平台，联合国家大基金设立集成电路产业投资基金
	11 月	发起设立园区首个实体化运作的海外创新中心，打造海外招才引智桥头堡
2019 年	6 月	主体信用评级上调为 AAA
	7 月	元禾辰坤获得全国社会保障基金投资
	11 月	江苏省国信集团成为战略股东，进一步增强公司综合实力
2020 年	7 月	启动首期“千企大走访”行动，网格化走访园区企业
	10 月	承接中国证券投资基金业协会研究课题：私募股权投资基金治理体系
	11 月	发起设立苏州工业园区上市公司协会
2021 年	4 月	设立元禾之星天使基金，聚焦园区早期科创人才项目
	6 月	直接投资项目超 1000 个
	8 月	元禾绿柳成为新加坡投资管理平台，打造中新合作新桥梁
	12 月	获得江苏省首个 QDLP 对外投资试点资格
		主导基金管理规模超 1000 亿元
2022 年	3 月	时任苏州市委书记曹路宝调研东沙湖基金小镇
	9 月	东沙湖基金小镇发展服务中心揭牌成立，实现“小镇事，小镇办”

续表

2022 年	11 月	联合国家制造业转型升级基金设立工业母机产业投资基金
	12 月	通过 ISO90001 质量管理体系认证
2023 年	2 月	设立园区集成电路产业公司和产业园，助推地方产业创新集群发展
	4 月	东沙湖基金小镇三期开工建设
	6 月	设立先进技术创新中心
	9 月	已投企业上市数量达 100 家
	11 月	举办全国首届工业母机技术产业投资大会
	12 月	受托运营苏州科技商学院

元禾控股在股权结构多元化方面做了创新尝试。2007 年中新创投重组为苏州创业投资有限公司，2012 年更名为苏州元禾控股有限公司。苏州工业园区管理委员会是元禾控股的实控人，穿透后持股比例为 71.98%。苏州工业园区管委会与江苏省财政厅分别通过苏州工业园区经济发展有限公司、苏州工业园区国有资本投资运营控股有限公司，持有元禾控股 59.98%、20.00% 的股权，江苏省属企业国信集团持有 20.02% 股权（见图 6－1）。

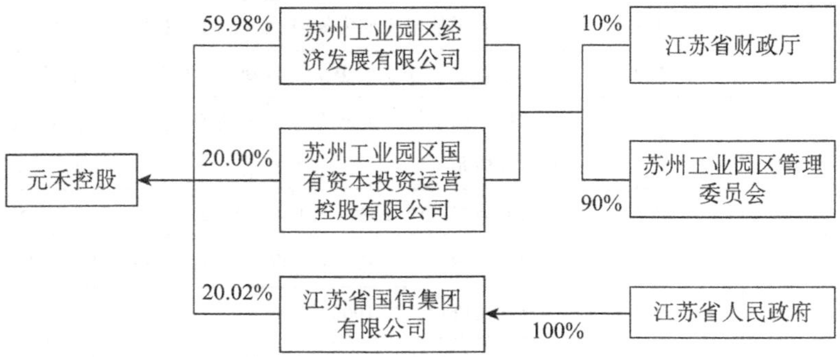

图 6－1　元禾控股股权结构示意

6.1.2　元禾控股投资项目

元禾控股为苏州工业园区培育一批拥有自主知识产权的本土企业，20

余年后其资本影响力已经走出苏州辐射全国。数据显示截至 2023 年 9 月，元禾控股管理的基金规模已超千亿元，直投平台及管理的基金投资项目超 1300 个，主导管理的 VC 母基金投资子基金 167 只，子基金总规模超 2000 亿元，投资企业超 3900 个。据不完全统计，元禾控股直接及间接出资的项目中，有 234 家企业已实现上市，合计市值达到 4.7 万亿元。其中，元禾控股官网及公告披露的已上市项目有 94 个，合计市值超过 2.6 万亿元（见表 6－2）。

表 6－2　　元禾控股投资的部分企业上市情况

最早投资年份	股票代码	企业名称	总部所在地	市值（人民币亿元）	行业
2002 年	002463. SZ	沪电股份	苏州	419. 11	信息技术
2003 年	002160. SZ	常铝股份	苏州	43. 79	材料
2004 年	AOSL. O	阿尔法和欧米伽半导体	美国硅谷	61. 67	信息技术
2005 年	603005. SH	晶方科技	苏州	146. 19	信息技术
	300183. SZ	东软载波	青岛	70. 18	信息技术
2006 年	002182. SZ	云海金属	南京	141. 18	材料
2007 年	601555. SH	东吴证券	苏州	457. 18	金融
	688286. SH	敏芯股份	苏州	29	信息技术
	688607. SH	康众医疗	苏州	17. 56	医疗保健
	688259. SH	创耀科技	苏州	49. 98	信息技术
	002290. SZ	禾盛新材	苏州	32. 55	可选消费
	002309. SZ	ST 中利	苏州	35. 22	工业
	01739. HK	齐屹科技	上海	3. 87	可选消费
2008 年	000555. SZ	神州信息	深圳	112. 04	信息技术
	688261. SH	东微半导	苏州	117. 8	信息技术
	002426. SZ	胜利精密	苏州	79. 84	信息技术
	300416. SZ	苏试试验	苏州	91. 49	工业
	002565. SZ	顺灏股份	上海	35. 3	材料
	00780. HK	同程旅行	苏州	381. 68	可选消费
	02257. HK	圣诺医药	苏州	47. 52	医疗保健

续表

最早投资年份	股票代码	企业名称	总部所在地	市值（人民币亿元）	行业
2009年	603990. SH	麦迪科技	苏州	49. 99	信息技术
	300192. SZ	科德教育	苏州	37. 26	可选消费
	300240. SZ	飞力达	苏州	24. 5	工业
	300469. SZ	信息发展	上海	49. 7	信息技术
2010年	300308. SZ	中际旭创	烟台	1018. 79	信息技术
	300292. SZ	吴通控股	苏州	49. 11	信息技术
	002513. SZ	蓝丰生化	徐州	25. 43	材料
	002612. SZ	朗姿股份	北京	105. 66	可选消费
	002708. SZ	光洋股份	常州	32. 87	可选消费
	601966. SH	玲珑轮胎	烟台	346. 43	可选消费
	300585. SZ	奥联电子	南京	34. 87	可选消费
	09939. HK	开拓药业	苏州	16. 12	医疗保健
2011年	688218. SH	江苏北人	苏州	20. 62	工业
	603800. SH	道森股份	苏州	61. 13	能源
	300554. SZ	三超新材	南京	23. 28	工业
	000008. SZ	神州高铁	北京	65. 74	工业
	688166. SH	博瑞医药	苏州	88. 72	医疗保健
	688329. SH	艾隆科技	苏州	22. 26	医疗保健
2012年	01801. HK	信达生物	苏州	515. 58	医疗保健
2013年	002352. SZ	顺丰控股	深圳	2435. 36	工业
	300802. SZ	矩子科技	上海	54. 45	信息技术
2014年	02170. HK	贝康医疗	苏州	8. 28	医疗保健
2015年	688030. SH	山石网科	苏州	36. 12	信息技术
	03690. HK	美团	北京	8127. 12	可选消费
2016年	688158. SH	优刻得	上海	78. 29	信息技术
	02616. HK	基石药业	苏州	30. 05	医疗保健
2017年	688003. SH	天准科技	苏州	81. 38	工业
	688327. SH	云从科技	广州	177. 63	信息技术
	DOYU. O	斗鱼	武汉	26. 46	信息技术

续表

最早投资年份	股票代码	企业名称	总部所在地	市值（人民币亿元）	行业
2018 年	688561. SH	奇安信	北京	345. 33	信息技术
	688008. SH	澜起科技	上海	671. 65	信息技术
	688005. SH	容百科技	宁波	217. 84	材料
	603501. SH	韦尔股份	上海	1203	信息技术
	688508. SH	芯朋微	无锡	73. 99	信息技术
	301269. SZ	华大九天	北京	555. 05	信息技术
	301308. SZ	江波龙	深圳	410. 22	信息技术
	688372. SH	伟测科技	上海	108. 16	信息技术
	06855. HK	亚盛医药	苏州	62. 27	医疗保健
	02618. HK	京东物流	北京	788. 66	工业
	02315. HK	百奥赛图	北京	72. 96	医疗保健
2019 年	688608. SH	恒玄科技	上海	149. 23	信息技术
	688260. SH	昀冢科技	苏州	19. 48	信息技术
	688107. SH	安路科技	上海	204. 47	信息技术
	301128. SZ	强瑞技术	深圳	23. 61	工业
	688766. SH	普冉股份	上海	83. 92	信息技术
	688306. SH	均普智能	宁波	65. 34	工业
	688220. SH	翱捷科技	上海	320. 71	信息技术
	688800. SH	瑞可达	苏州	79. 35	信息技术
	688279. SH	峰岹科技	深圳	101. 22	信息技术
	688052. SH	纳芯微	苏州	203. 09	信息技术
	688332. SH	中科蓝讯	深圳	81. 6	信息技术
	001298. SZ	好上好	深圳	32. 66	信息技术
	688362. SH	甬矽电子	宁波	134. 53	信息技术
	02126. HK	药明巨诺	上海	10. 57	医疗保健
2020 年	301207. SZ	华兰疫苗	新乡	208. 15	医疗保健
	688536. SH	思瑞浦	苏州	277. 65	信息技术
	688049. SH	炬芯科技	珠海	38. 83	信息技术
	688337. SH	普源精电	苏州	95. 85	信息技术
	688170. SH	德龙激光	苏州	41. 3	信息技术

续表

最早投资年份	股票代码	企业名称	总部所在地	市值（人民币亿元）	行业
2020年	688380. SH	中微半导	深圳	115. 27	信息技术
	688381. SH	帝奥微	南通	76. 82	信息技术
	688252. SH	天德钰	深圳	77. 8	信息技术
	688515. SH	裕太微	苏州	115. 92	信息技术
	688512. SH	慧智微	广州	86. 88	信息技术
	06628. HK	创胜集团	苏州	18. 1	医疗保健
	GCT. O	大健云仓	苏州	24. 62	可选消费
	688472. SH	阿特斯	苏州	592. 33	信息技术
	831961. BJ	创远信科	上海	13. 71	信息技术
2021年	688182. SH	灿勤科技	苏州	85. 8	信息技术
	688235. SH	百济神州	北京	1836. 33	医疗保健
	688035. SH	德邦科技	烟台	76. 78	材料
	688484. SH	南芯科技	上海	170. 22	信息技术
	688478. SH	晶升股份	南京	60. 16	信息技术

数据来源：元禾控股和被投企业官网以及新浪财经。

6.1.3 元禾控股业务布局

元禾控股业务分为股权投资、债权融资和投融资服务三大板块。股权投资板块包括七大投资平台，分别为元禾直投、元禾原点、元禾厚望、元禾璞华、元禾重元、元禾辰坤和元禾绿柳。债权融资板块中，设有禾裕集团、禾裕科贷、禾裕担保、禾裕租赁和禾裕保理五大平台。投融资服务板块中，有沙湖金融服务有限公司（以下简称“沙湖金融”）和苏州科服等平台。

股权投资板块的七大平台中，元禾直投负责自有资金投资，运营中新创投、香港华圆等主体，并负责管理江苏疌泉元禾知识产权科创基金、元禾之星天使基金等，深耕赛道包括生物医药、集成电路、人工智能、纳米技术应用、高端制造等。元禾原点着重早期投资，主要从事种子基金和成长基金的募投管理，重点关注 TMT 和医疗保健两大领域内的初创期和成长期投资；元禾厚望聚焦成长期投资，专注硬科技和数字经济领域投资，尤其是挖掘技术平台型和关键节点型公司；元禾璞华专注于集成电路全产业链投资，从早期、成长期到成熟期投资、并购整合；元禾重元专业从事成熟期企业投资；元禾辰坤是中国第一支市场化的专业母基金管理团队，重点关注基于技术和数据驱动的 B 端产业升级与创新、医疗健康、国货崛起和消费升级带动的 C 端投资；元禾绿柳是元禾控股海外业务的支撑，由元禾控股与新加坡绿柳资本合作设立，专注于东南亚市场，投资围绕消费品、科技型企业、医疗健康等领域，以早期和成长期项目为主。

在元禾控股三大业务板块中，股权投资是元禾控股的核心业务。由表 6 - 3 可知，2020—2022 年，元禾控股的营业收入分别为 50.88 亿元、27.00 亿元、18.09 亿元，其中，股权投资业务收入占营业收入的比重在 90% 以上。由于其股权投资业务收入主要来源于股权转让收益、持有期间投资收益及公允价值变动收益，而后两项收入受相关上市公司的股价变化影响，元禾控股的业绩也体现一定的波动性。

表 6 - 3　　元禾控股的营业收入构成　　单位：亿元

年份	2020 年	2021 年	2022 年
股权投资	50.01	26.12	17.01
债券融资服务	0.77	0.78	0.98
投融资服务	0.09	0.10	0.11
营业收入合计	50.88	27.00	18.09
股权投资业务占营收比重	98%	97%	94%

数据来源：Wind。

6.2 元禾控股业务发展的主线

6.2.1 业务发展的两条主线

分析元禾控股的股权构成和发展脉络，可以发现元禾控股包含创新企业投资、科创产业服务等四项功能，其发展的两条主线如下（见图6-2）。第一条主线是早期以自有资金投资（称为“直投业务”或“创业投资业务”）服务于苏州工业园区项目孵化，投资总规模约为一百亿元。第二条主线是2010年后逐渐探索市场化运作。一方面，元禾控股推动内部团队市场化运作；另一方面，引入外部股权管理机构，与之联合成立基金管理公司，这些基金管理公司由投资管理团队控股，行使具体经营和决策职能。同时，元禾控股授权其使用自身品牌，并且在风险控制、财务安排、投资决策等方面提供支持。基金管理公司发起设立私募股权投资基金对外募资时，元禾控股会作为有限合伙人进行投资。在此模式下，元禾控股作为私募基金的LP，可以分享基金增值带来的回报。同时，作为基金管理公司的股东，可以获取管理费收入以及基金退出时的超额业绩报酬。具体以元禾控股创投业务为例，一类由旗下平台以自有资金投资，包括中新创投、香港华圆、原点创业等全资控股的投资主体；另一类则以普通合伙人（GP）身份管理江苏疌泉元禾知识产权科创基金、元禾之星天使基金等，在LP中有部分出资，如江苏疌泉的LP除元禾控股外，还包括江苏省政府投资基金、苏州中方财团控股股份有限公司等。

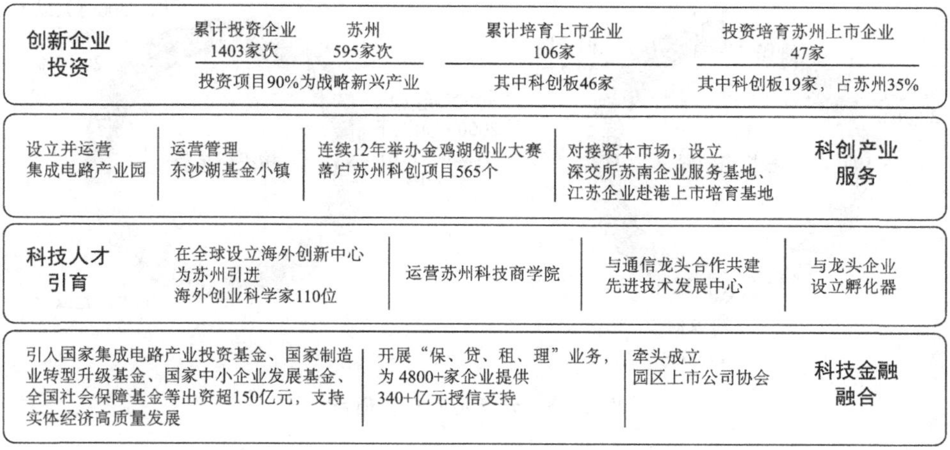

图 6－2　元禾控股业务版图

6.2.2　国有风险投资的功能发挥

元禾控股作为国有创投具有服务产业的直接功能。1994 年，中国与新加坡在北京钓鱼台国宾馆签署合作建设苏州工业园区的协议。同年，园区破土启动。1996 年，法国化妆品巨头欧莱雅在此落户。此后，三星、西门子、强生、葛兰素史克等一批跨国企业纷纷建厂，推动了苏州电子、生物医药等产业形成集群效应。集群效应带动本土企业逐步发展，但亟须资金扶持。因此，元禾控股早期的发展策略即作为园区的“左膀右臂”，在其招揽人才、建设高新产业的过程中，对重点项目进行风险投资，其投资组合呈现出“投早、投小、投科技”的特征。

截至 2022 年 4 月，元禾控股的创业投资业务累计投资 458 个项目，合计投资金额为 95.74 亿元。其中，按投资阶段划分，种子期、成长期的项目数占比为 82.97%，投资金额在 2000 万元以下的项目数占比为 75.76%（见图 6－3）。这 458 个项目中，有 403 个属于医疗健康、集成电路、信息技术、高端制造等硬科技领域，占比 88%（见表 6－4）。其中，元禾控股对晶方科技、敏芯股份、圣诺医药等项目的投资，以及对生物纳米科技园（BioBAY）的深度参与，是国有创投助力地方培育优势产业的代表案例。

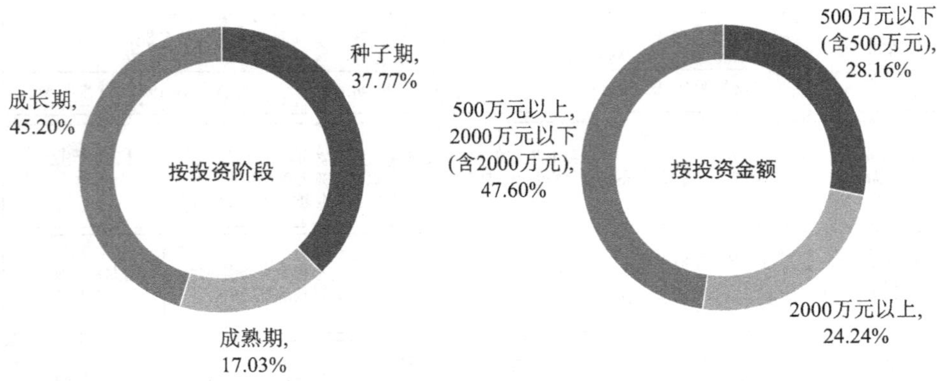

图 6-3 元禾控股在管项目

表 6-4 元禾控股投资和退出情况

行业	累计投资项目		已经退出项目		在管项目	
	数量	投资金额（亿元）	数量	投资金额（亿元）	数量	投资金额（亿元）
集成电路	104	28.39	26	13.55	78	14.84
医疗健康	141	22.43	32	1.82	109	20.61
高端制造	66	9.79	21	3.07	45	6.72
信息技术	92	22.55	30	4.1	62	18.45
互联网	30	4.97	4	0.32	26	4.65
现代服务业	11	6.03	5	4.44	6	1.59
其他	14	1.58	10	1.15	4	0.43
合计	458	95.74	128	28.45	330	67.29

数据来源：元禾控股公告。

6.3 国有风险投资服务实体经济的实践

6.3.1 引进海外领先技术落地苏州工业园区

元禾控股成立之初，本土创业投资市场正处于萌芽期。2001 年，元禾控股和中国台湾地区的怡和创投合作设立了我国首只平行投资基金①。其中，怡和创投负责募集 4000 万美元基金，元禾控股（时名中新创投）出资 2000 万美元做平行投资。2004 年，元禾控股与以色列 Infinity 集团合作，成立华亿创业投资管理（苏州）有限公司，双方各持股 50%。2005 年，华亿创业设立了中国第一只中外合作非法人制的创投基金——英菲尼迪—中新创投企业（以下简称“英菲中新”）。基于晶圆级芯片尺寸封装技术的良好前景，中新创投、英菲中新等决定共同创立晶方科技公司。2010 年，晶方科技整体变更为股份公司，并于 2014 年登陆 A 股市场（见图 6－4）。截至 2014 年末，中新创投以约 5200 万元投资本金，获得 23.2 亿元持股市值。元禾控股陪伴晶方科技从创立至上市，不仅收获超 25 亿元的账面收益，晶方科技也成长为苏州芯片封装业的链主龙头。目前，其已累计封装 100 多亿颗传感器芯片，带动了园区相关产业的招商引资，形成了“创投—企业—园区”多赢局面。

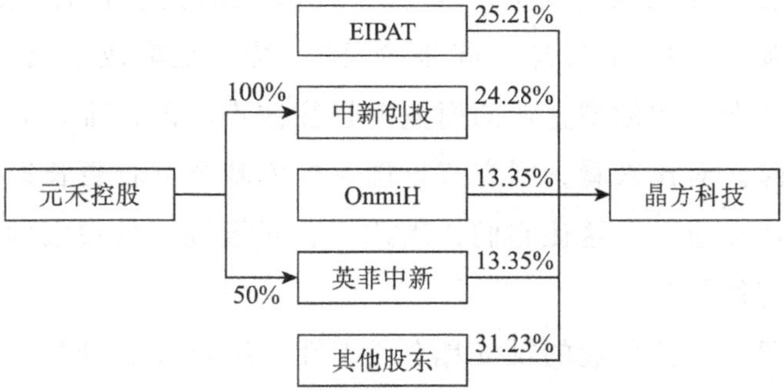

图 6－4　晶方科技上市时的股权结构

6.3.2　工业园区领军项目融资全覆盖

2007 年，苏州工业园区启动科技领军人才创业工程，共 15 个项目入选首批领军人才创业项目。这些领军项目可享受园区提供的 100 万元启动

① 指在境内外分别募集两个规模相当的基金，通过有共同利益的管理公司将其模拟成一只基金管理。

资金、贷款担保、购房补贴、项目配套等优惠政策，还可以获得元禾控股的配套投资。为规范管理，元禾控股推动苏州工业园区管委会出台管理办法，其中即包括种子期投资单笔限额500万元、跟进投资比例不超过30%等条件。元禾控股得以将有限资本投向种子期、初创期企业，以平衡容错机制覆盖更多企业的资金需求。当年，元禾控股合计投出6675万元，其中，种子资金投资5150万元，跟进风险投资1525万元，在园区对领军项目首期1.15亿元的资金扶持中，元禾控股是出资最多的一方。2007年至2013年，元禾控股对园区内所有具有融资需求的领军项目实现投资全覆盖，投资了敏芯股份、东微半导体、纳芯微、亚盛医药等一批企业，而这批企业也成为苏州工业园区半导体和生物医药产业发展的主力。

6.3.3 在高新科技投资中深入布局

相较消费、互联网等产业，高新科技领域的投资往往周期长、见效慢、投资风险高，10年只是“起步阶段”。特别是集成电路、生物医药、高端材料等产业，初创型企业的商业前景往往不明朗，难以获得市场化风险投资的青睐。对比来看，国有背景创业投资基金有着更长期的资金属性和更坚定的产业意志，这让它们在周期长、回报慢、风险大的硬科技投资上更具有独特优势。

元禾控股对开拓药业的投资具有代表性。2009年，开拓药业在苏州工业园区生物医药产业园（BioBAY）成立后很快遇到了资金问题，创始人回忆当时没有VC愿意投医药，找银行贷款更是天方夜谭。“当时最怕员工加班，因为实验成果出得快，就意味着钱烧得快……连自己的工资都发不起，只能够发员工的工资”。转机出现在2010年，开拓药业的雄激素受体（AR）抑制剂临床前项目入选国家“十二五”重大新药创制计划，获得近500万元的专项奖励。以此为契机，元禾控股旗下的原点创业及苏州工业园区国创创业投资有限公司为开拓药业提供了250万元的风险投资。2018年，原点创业以2347万元跟进开拓药业的C轮融资，至上市前持有6.72%股份。2020年开拓药业赴港IPO，至当年末原点创业的持股市值为

1.6 亿元，收获约 5 倍投资回报。如今，BioBAY 入驻的医药企业已超过 2300 家，占苏州医药企业数量的近 6 成。2022 年，苏州市生物医药产业产值高达 2188 亿元，与北京、上海、广州、深圳同处于全国第一方阵（见表 6-5）。

表 6-5　　元禾控股投资的部分医药行业公司

股票代码	项目名称	市值（亿元）
688166. SH	博瑞医药	88.72
01477. HK	欧康维视生物	62.46
688656. SH	浩欧博	22.27
02170. HK	贝康医疗	8.28
688607. SH	康众医疗	17.56
02257. HK	圣诺医药	47.52
09939. HK	开拓药业	16.12
688329. SH	艾隆科技	22.26
01801. HK	信达生物	515.58
02616. HK	基石药业	30.05
06855. HK	亚盛医药	62.27
06628. HK	创胜集团	18.1

数据来源：Wind（截至 2023 年 7 月 31 日）。

6.4　“元禾模式”的经验总结

明星项目上百倍的回报令创投行业承载光环，但随着本土市场资金的积累，入局机构层出不穷，国有创投也面临人才流失的挑战。同时产业的深化与分化日益加深，风险投资的胜率和难度直线上升，对普通合伙人专业能力的要求也越来越高。元禾控股后期能在股权投资市场的激烈竞争中保持前列，市场化发挥了极其重要的作用，这也是其从早期百亿直投规模跃升至千亿投资版图，实现资金管理规模十倍跨越的关键。

6.4.1 突出自身特色，扎根细分赛道和生命周期

元禾系不同平台均有自身的特色定位，或扎根某一特定行业赛道，或跟踪项目不同的生命周期，或是专注于母基金投资。市场化机制下，这些子公司能在各自擅长的领域募集、管理基金，激励机制和话语权的提升也使团队变得稳定而高效，并更注重退出的确定性和商业回报。如果说在纯国资创投时期元禾控股的重点在孵化和培育产业的话，那么市场化方向下元禾则更有“内部赛马”的含义。

中国证券投资基金业协会数据显示，元禾重元、元禾原点的基金管理规模均在50亿元至100亿元区间，元禾辰坤在管基金规模超250亿元，辐射资产超1900亿元，覆盖超3600家企业，是中国最早获得全国社保基金投资的母基金管理团队。元禾厚望、璞华同芯的基金管理规模已超过50亿元，元禾璞华则超过100亿元。这些市场化平台的规模已数倍于元禾控股的直投业务，在其发展过程中，元禾控股不仅担任其股东，还作为LP给予了大量的资金支持。元禾控股作为LP投向元禾原点、元禾重元、元禾璞华、元禾厚望旗下基金的资金分别达到13.1亿元、13.73亿元、9.57亿元、14.94亿元。例如在元禾原点在管的40只基金中，元禾控股作为LP出资了至少14只基金。

合资成立GP平台与作为LP出资推动了元禾控股高速发展，自2013年第一只市场化平台元禾重元成立至2022年，元禾控股未分配利润从-1.3亿元增至119.7亿元，总资产也由114.5亿元增至322.2亿元。与此同时，基于这些市场化平台在专业赛道上的能力，元禾控股进一步强化了对高端制造、集成电路、生物医药等高新产业集群的覆盖，从而能够在硬科技浪潮中占据先机。

子公司市场化对元禾控股投资版图的影响，可从半导体行业的投资中一探究竟。据泛互联网创业投资信息服务商IT桔子数据显示，截至2022年6月，元禾控股作为活跃的投资方在半导体行业共出手了117起投资，排在其后的是深创投、中芯聚源和大基金，分别为105起、102起、96起。

其中，元禾璞华投资了 45 起，其余如元禾原点也投资了寒武纪、图灵量子等明星项目。

6.4.2　重塑平台架构，注重市场化进阶与量质并进

充分发挥基金管理团队的专业优势。在元禾的市场化基金中，基金管理团队均占股51%拥有实际控制权，而元禾控股占股通常为49%。这就在制度上使基金更加能够按照市场化规律运作。元禾厚望是首家通过引入外部机构、实现市场化的元禾系投资平台，元禾控股借此得以将版图延伸至成长期投资领域。2018 年 1 月，元禾厚望的首只基金——苏州元禾厚望成长一期股权投资基金（以下简称"厚望成长"）成立，募资 16.05 亿元，其有限合伙人包括中国工商银行、元禾控股、中金资本、鲲鹏资本等。其中，元禾控股直接出资 3.75 亿元，元禾辰坤管理的两只母基金合计出资 1.5 亿元，作为普通合伙人（GP）的苏州元禾厚望投资管理合伙企业（以下简称"厚望投资"）出资 3000 万元。以此计算，元禾控股与市场化基金一起撬动了超 10 亿元社会资本（见表 6－6）。

表 6－6　　元禾厚望成长一期股权投资基金有限合伙人（LP）名单

合伙人信息	出资比例	认缴出资额（亿元）	关联机构
苏州亚投荣基股权投资中心（有限合伙）	24.92%	4	中国工商银行
苏州元禾控股股份有限公司	23.37%	3.75	元禾控股
中金启融（厦门）股权投资基金合伙企业（有限合伙）	12.46%	2	中金资本
苏州市创新产业发展引导基金（有限合伙）	12.46%	2	苏州基金
上海临港智兆股权投资基金合伙企业（有限合伙）	6.23%	1	临港科创投
苏州工业园区国创工世股权投资合伙企业（有限合伙）	6.23%	1	元禾辰坤
深圳市鲲鹏股权投资有限公司	6.23%	1	鲲鹏资本
苏州工业园区国创工盛股权投资合伙企业（有限合伙）	3.12%	0.5	元禾辰坤
裕八（北京）健康产业科技有限公司	2.18%	0.35	—
苏州元禾厚望投资管理合伙企业（有限合伙）	1.87%	0.3	元禾厚望
安徽国海投资发展有限公司	0.94%	0.15	安徽国海

数据来源：企查查。

6.4.3 深耕母基金管理，投资头部机构共享红利

在一系列市场化子公司成立之前，让元禾控股在一级市场声名鹊起的是母基金投资。目前元禾辰坤实际覆盖的母基金管理规模已超过280亿元。2006年，元禾控股意识到以直接投资作为主要方式可撬动的资源有限，因此提出“引入VC机构到园区来”的发展理念。当年，元禾控股成立了基金投资部，与直接投资企业的项目投资部区别，并很快以母基金管理人的身份进入PE/VC机构的视线。同年，元禾控股主导设立了中国首个由国资参与的市场化运作的母基金——国创创业，基金规模10亿元，并要求合作的投资管理机构在设立子基金时，注册地需落在苏州。2008年，《关于创业投资引导基金规范设立与运作的指导意见》（国办发〔2008〕116号）发布后，政府引导基金开始逐步进入视野。2010年12月，元禾控股与国开金融有限责任公司共同发起设立了首个国家级人民币母基金“国创母基金”，总规模达600亿元，其中首期150亿元，分为PE母基金（国创开元股权投资基金，以下简称“国创开元”）和VC母基金（国创元禾创业投资基金，以下简称“国创元禾”），后者由元禾控股主导。

2015年底，元禾辰坤启动目标50亿元规模的“国创元禾二期母基金”（即元禾秉胜）募集，这也是其第一次面向市场进行独立的资金募集。最终，元禾秉胜超募52%，总规模达76.8亿元，元禾控股和国开金融作为基石LP，各自出资10亿元，剩余56.8亿元由元禾辰坤自行募集，全国社保基金理事会、国泰君安资管等均成为基金的有限合伙人。元禾辰坤的母基金投资策略主要有四点：一是PSD投资策略组合，其中，一级投资份额P（Primary）策略是核心，二手份额S（Secondary）策略是最重要的资产配置补充，项目跟投D（Direct Investment）策略是对优秀项目的有效加码。二是产业投资组合，关注以技术和数字化作为核心技术底层，驱动C端和B端产业的升级，投资组合的配比是30%医疗、20%消费、50%软硬件与B端相关的产业。三是阶段组合“早期”和“后期”分化，股权投

资市场资金集中流向早期的 A 轮、Pre－A 阶段和后期的并购阶段，应对 B 轮和 C 轮相对越来越困难的环境变化。四是不同特质团队间进行组合，传统白马团队获取稳健回报，新兴黑马团队布局未来产业。基于不同类型的 GP 组合，通过配置策略组成多元产业链，形成一个整体的资源网络生态，这是母基金的核心价值所在。截至 2023 年 4 月，元禾辰坤累计为 159 个基金团队出资，包括君联资本、顺为资本、软银中国资本等，投资的基金所覆盖企业超过 3800 家，包括斗鱼、君乐宝、老凤祥等。

6.4.4　审时度势与姿态转换：内外相容的灵活协同与多维伸展

从自有资金直投到引入市场化机制，元禾控股构建起了从种子期、创建期、成长期、成熟期投资，到母基金、产业投资、境外投资的多层次投资基金体系，既能撬动社会资源驱动管理规模增长，又有助于发挥国有创投资本的产业引领作用，还充分顺应了市场需求，推动产业成长。

元禾控股自身的角色不断变换是多层次投资基金体系构建的关键。直投业务中，元禾控股同时承担 GP 及 LP 角色。而在市场化平台中，元禾控股在作为 GP 的私募股权管理公司中多半仅持股 49%，放手管理权。而在这些平台管理的基金中，则以 LP 身份不同程度参与。但在一些重大项目中，元禾控股会重归 GP 掌控位以聚合旗下多方力量共同投资，比如在 2020 年，元禾控股发起设立苏州工业园区元禾商汤创业投资合伙企业（以下简称“元禾商汤”），总规模 4.1 亿元。元禾控股作为 GP，还通过中新创投直接出资 58.62%，约 2.4 亿元。而元禾秉胜、厚望成长则分别作为 LP，各出资 12.93%、7.75%。根据公告，在商汤科技 D 轮融资中，元禾商汤以 0.58 亿美元认购其 1.64 亿股股份。2021 年 12 月，商汤科技登陆港交所，首日股价收于 4.13 港元/股。以此计算，元禾商汤所持有的股权价值 0.86 亿美元，账面回报为 0.5 倍。

6.5 破圈蝶变：最强地级市苏州千亿基金集群风起云涌

知名创投往往对所处城市有着相当的号召力。据统计，2023年元禾控股投资的234家上市公司中，有46家地处苏州，占苏州上市公司数量的19%，总市值达到5033亿元，占苏州上市公司总市值的26%。这46家中，有21家属信息技术行业、12家属医疗保健行业，合计市值在苏州同行业上市公司中的占比分别是39%、52%。这234家上市企业在2022年合计创造了17249亿元营业收入，以及575亿元净利润，2019—2022年净利润年复合增长率的均值是18.68%。苏州市上市公司同期这三项指标的数值分别为8354亿元、433亿元和20.66%，元禾控股与苏州产业辉映发展，影响力可见一斑。

元禾控股是苏州国有创投机构的缩影。中国证券投资基金业协会网站显示，截至2024年4月，苏州市已登记私募基金管理人441家，位居江苏省第一。其中，苏州创新投资集团（以下简称“苏创投”）在投资数量、资管规模等方面，几乎与元禾控股并驾齐驱。苏创投成立于2022年6月，由苏州国发创投、苏州产投集团、苏州科创投、苏州天使母基金和苏州基金整合成立，注册资本180亿元。相较元禾控股，苏创投主要通过政府引导基金，吸引优质社会资本和高质量创新科技项目落地苏州，同时也会以直投基金的方式参与投资。截至2023年8月，苏创投底层投资项目达855个，包含西山科技、裕太微、晶升股份等39家IPO项目，同时还有88个拟上市项目。2023年6月18日，苏创投发布了苏州千亿基金集群规划。其中，战略性基金4只，产业创新集群2只，产业基金18只，子基金17只，总规模达960亿元，未来将赋能2000亿规模企业，汇聚3000亿创投资本。

越发壮大的产业、不断上市的企业、火热的投融资市场，让苏州对人才、企业、投资机构的吸引力大大提升。根据 Wind 数据，2016 年至 2024 年 4 月末，苏州 A 股上市公司数量从 83 家增至 218 家，位列全国城市第五，苏州地区上市公司总市值达到 15125.4 亿元。根据中国资本市场研究院编制的《2022 中国内地省市创投力报告》，与全国 108 个城市相比，苏州市的创投能力位居第五，仅位于北京、上海、深圳、杭州之后。

第7章 国有风险投资促进发展的路径机制

风险投资在培育科技创新企业、引导战略性新兴产业发展过程中具有重要作用，是推动实体经济高质量发展的重要手段。在我国，国有风险资本是风险投资领域的“领头羊”和“推进剂”。国有风险资本主要通过五种效应支持企业创新和产业升级，进而推动实体经济高质量发展：一是积极参与“投早投小投科技”，弥补风险投资市场失灵的“修正效应”；二是吸引社会资本参与，发挥杠杆作用的“激励效应”；三是形成明星企业孵化器的“声誉效应”；四是致力于创业企业全生命周期管理服务的“守护效应”；五是调动党政企各方面资源，引领产业集群式发展的“联动效应”。通过五种效应的协同作用，国有风险资本修正了独立风险投资机构低容错率和单一收益最大化目标导致的早期创业投资不足的市场失灵，从资金、技术、人才、服务等多维度为支持企业创新贡献力量，为服务创新发展战略、促进战略性新兴产业发展进而推动经济高质量发展提供强大动力。

7.1 国有风险投资具有“修正效应”

创新是引领发展的第一动力。一个国家经济社会发展的动力主要分为要素驱动、投资驱动、创新驱动、财富驱动等类型。过去很长时间我国的经济发展主要依赖要素投入和投资驱动。党的十八大以来，习近平总书记提出新发展理念，将创新摆在首位。党的二十大报告指出要坚持创新在我国现代化建设全局中的核心地位，加快实施创新驱动发展战略，实现高水平科技自立自强。习近平总书记2024年年初在中共中央政治局第十一次集体学习时阐述了新质生产力概念，“概括地说，新质生产力是创新起主导作用，摆脱传统经济增长方式、生产力发展路径，具有高科技、高效能、高质量特征，符合新发展理念的先进生产力质态。它由技术革命性突破、生产要素创新性配置、产业深度转型升级而催生，以劳动者、劳动资料、劳动对象及其优化组合的跃升为基本内涵，以全要素生产率大幅提升为核心标志，特点是创新，关键在质优，本质是先进生产力”。加快发展新质生产力，扎实推进高质量发展，创新仍然是核心要义。企业是创新的主体，要实现高水平科技自立自强，必须培育一批高科技企业，强化企业的创新主体地位，大力支持企业进行研发创新。

高科技创业公司的发展主要分为四个阶段：种子期、初创期、成长期和成熟期。早期尤其是种子期和初创期的公司具有很大的风险和高度的不确定性，这其中既包括技术研发的高失败率、人员的高变动率，也包括行业未来变化和经济周期的不确定性。由于信息不对称以及较高的风险性，按照市场化原则运作的独立风险投资机构倾向于投资成长期和成熟期的企业，而较少愿意直接投资种子期、初创期的企业。然而，面临较大资金需求和融资约束的恰恰是处于创业早期阶段的公司，而企业技术创新最为活跃，“创造性破坏”力最强的也是早期阶段，因此完全遵循市场化原则投资的独立风投机构会导致风险投资“市场失灵”（燕志雄等，2016）。扭曲的投资结构最终会导致资源配置的失衡和无效率，最终对我国的创业市场和创新环境产生不利影响，导致实体经济高质量发展动力不足。

根据投中信息发布的报告，2019—2023年VC交易数量占VC/PE市场交易总量的比例分别为68%、71%、80%、77%和76%，但是VC市场投资规模占VC/PE市场总投资规模的比例却分别只有33%、35%、46%、51%和56%①。疫情之后，风险投资交易数量和规模均较疫情之前有所提升，但是风险投资尤其是早期阶段获得的风险资金相较成长期和成熟期的

① 资料来源：投中信息《2023年中国创业投资及私募股权投资市场统计分析报告》。网址：https：//www. chinaventure. com. cn/report/1005 – 20240122 – 1754. html。

公司依然较少。面对投资人的回报压力及行业中其他风投机构的竞争压力，独立风险投资机构和基金管理人缺乏足够的失败容忍度，倾向于投资拥有较为成熟商业模式的中后期公司。因此，掌握一定政府资源的国有风险资本需要对风险投资市场进行修正，让资金更多投入拥有无限可能的创业早期公司，弥补市场失灵。

国有风险资本并非“唯利是图”。国有风险投资通常也遵循市场化原则运作，相较于独立风险投资机构单一的投资者收益最大化目标，国有风险投资机构的绩效考核主要按照国务院国资委和各地政府出台的国有企业经营业绩考核管理办法相应条目执行。在国有风险投资机构等央企和其他国企的收益函数中，除了国有资产保值增值，实际还包括支持国家和地区产业发展、招商引资、就业等政策执行效果变量。尤其是一些政府引导基金，政府设立引导基金的目的就是“引导社会各类资本投资经济社会发展的重点领域和薄弱环节，支持相关产业和领域发展”。因此，摆脱投资收益硬指标约束的国有风险资本能够对独立风险投资机构造成的“市场失灵”进行修正，推动资本更多流向种子期、初创期的企业，更加有效地落实“投早投小投科技”。

投资方向上，投中信息发布的报告指出，2023 年新颁布或者修订的政府引导基金管理办法中，有 36% 在过往已经提出投早投小的基础上明确了通过引导基金出资比例等方式重点支持种子类、天使类和创投类基金①。在投资阶段上，以 2013—2017 年我国新三板挂牌企业为样本，黄福广等（2021）研究发现国有风险资本参投早期阶段（A 轮和 B 轮融资）的平均比例为 47.3%，显著高于独立风险资本参投早期阶段的平均比例 20.7%，回归结果同样表明国有风险资本倾向企业早期阶段投资。进一步研究发现，政府引导基金相较于公司制国有风险投资机构更倾向企业早期阶段和高科技行业投资。吴超鹏和严泽浩（2023）的研究发现“与引入其他风投机构投资相比，企业引入政府引导基金型风投机构的投资之后，在关键核心技术领域的发明专利数量和质量、高被引专利数量、新技术专利数量及

① 资料来源：投中信息《2023 年政府引导基金专题研究报告》。网址：https://www.chinaventure.com.cn/report/1005-20231205-1747.html。

专利独创性都比融资之前有较大幅度的提升”。以上研究和数据表明国有风险资本倾向于更早阶段的投资，进而更有力地支持企业创新。

国有风险资本具有较高的失败风险容忍度。创新是一项高风险、高不确定性活动，成功概率低而失败概率大。对公司创新的研究认为对失败的宽容度能够显著刺激企业的创新行为，并且带来更高的创新回报（Tian & Wang，2014）。由于收益函数的变化，国有风险资本的容错性相较于一般的独立风投机构更高，进一步助推国有风险资本对早期阶段创业公司的投资。吴超鹏和严泽浩（2023）对政府引导基金及独立风险投资机构的容错机制进行了检验，以投资机构过去所有投资失败项目的平均投资期限为失败容错机制的衡量指标，他们发现政府引导基金的失败风险容忍度要显著高于独立风险投资机构。

综上所述，强力的政策引导、独特的投资收益函数以及较高的容错机制三个因素催生了国有风险投资“投早、投小、投科技”的内生动力，进而弥补了独立风险投资机构投资不足造成的市场失灵。未来国有风险资本可进一步发挥独有的“修正效应”，为提高资源分配效率、健全资本市场功能、守护好技术创新的源泉和经济高质量发展的起点作出更大努力。

7.2　国有风险投资形成“激励效应”

激励效应是指政府资金的设立和投入运营，对市场中同类型的社会资本的带动作用，通过拉动市场融资成本下降，产生特定的效应，更多表现为资本的协同效应。在很长一段时间，政府那只“有形的手”都被认为是效率低下的，市场经济应该交由市场那只“无形的手”来解决。如何将有为政府和有效市场紧密结合起来，是经济金融领域一个十分重要的命题。习近平总书记在 2023 年 12 月召开的中央经济工作会议上明确指出“鼓励发展创业投资、股权投资”“完善投融资机制，实施政府和社会资本合作新机制”。在风险投资领域，政府的出手部分解决了自由竞争机制导致的“市场失灵”，促进资金更多地投向处于早期阶段、规模尚小的公司，以解决其存在的融资难、融资贵问题。实际上，以政府引导基金为代表的国有风险资本还能够产生激励作用，引导社会资本参与投资。引导基金通过撬动民间各方资本投资于政府鼓励的行业产业和高科技企业，产生杠杆放大效应，最终实现政府目标和投资盈利的双赢。

据清科研究中心发布的报告，截至2023年底，我国累计设立政府引导基金数量2086只，目标规模达到12.19万亿元人民币，已认缴规模约7.13万亿元人民币。其中，2023年上半年新设立的政府引导基金有107只，已认缴规模为3118.46亿元人民币[①]。2023年各地政府引导基金聚焦高端装备制造、新一代信息技术、新材料、新能源、医疗健康等战略性新兴产业领域。通过母子基金双层运营的方式，政府引导基金能够撬动数倍的社会资本参与投资，带动地方产业集群迅速发展。

我国政府引导基金较好发挥了“引导”作用，并且规避了潜在的政府挤出难题。学界往往担心政府的过度投资会造成民间投资的挤出效应，同时政府投资目标与私人投资目标的背离以及双重委托—代理问题可能会阻碍社会资本的进场。Lerner（1999）指出政府设立的风险投资基金应当是民间风险投资基金的有效补充，是一种合作关系而非竞争关系。但是不少国外研究结果表明政府设立的风险投资基金会挤出社会资本，甚至在不同风险投资阶段，政府基金之间会相互挤出（Cumming and MacIntosh，2006；Cumming and Johan，2009）。我国学者燕志雄等（2016）对政府引导基金和公司制国有风险投资的挤出效应进行过理论探索，模型分析表明两类国有风险投资的确会产生一定的挤出效应，但是同公司制国有风险投资相比，政府引导基金能够通过更强的杠杆效应对冲挤出效应。贺括等（2024）从博弈论的视角出发，通过分析政府和社会资本之间的动态博弈，研究了地方政府引导基金的“激励效应”。他们发现政府引导基金所具备的各类要素资源对社会资本具有显著吸引力，在职能分工明确的前提下，

① 资料来源：清科研究中心《2023年中国股权投资市场研究报告》。网址 https：//mp.weixin.qq.com/s/CfbomK_klau70Ru2VBmK3A。

通过适当的让利机制和绩效评价机制可以显著吸引社会资本参与，更加有效地带动地方产业投资。在现实中，设立引导基金的省市的创投筹资规模、新成立创投机构数量以及首次进入创投市场的 LP 数量均显著高于没有设立引导基金的省市（杨敏利等，2015）。

政府引导基金主要通过让利的方式引导社会资本参与。据投中信息发布的报告，收益分配上，在 2023 年前三季度出台或更新管理办法的政府引导基金中，有 29% 的基金规定按照绩效评价的分级和子基金的规模对子基金管理人进行管理费累退，退还比例从 0.6% ~ 1.2% 不等；71% 规定根据绩效评价结果或部分绩效评价指标，将政府引导基金的超额收益中的部分或全部让利给子基金管理机构进行激励[①]。

国有风险资本通过信号传递和“增信”激励社会资本参与，进而缓解创业企业融资约束。信息不对称和高风险是导致企业面临融资约束的主要原因，国有风险资本在一定程度上代表政府信用和产业政策引导方向，通过投资特定行业和行业内企业，可以为企业提供隐性的“增信”并且向市场传递产业政策方向的信息，降低市场中的信息不对称，进而鼓励更多的社会资本入场。实证研究也支持上述结论，黄福广等（2021）研究表明引导基金引导的后续独立风险资本跟投事件更多。

规模优势是国有风险资本吸引社会资本参与的另一重要因素。任何行业或者产业的发展都需要一定的规模，以利用规模经济的优势。规模一方面指行业的规模，例如公司数量、从业人员数量等，另外一方面也指资金聚集的规模。国有风险资本首先在资金体量上要大于独立的风险资本，呈现出投资次数少但投资规模较大的特征。国有风险资本大多具有长期性和较高容错性，大量的初始资金伴随着国有风险资本的投资行为迅速在政府支持的行业内积聚，给其他投资者带来示范作用和引领作用。当行业初具规模，行业发展前景较好的时候，社会资本会持续入场，利用行业规模扩张效应开展更大范围的投资，进而促进整个行业爆发式增长。

---

① 资料来源：投中信息《2023 年政府引导基金专题研究报告》。网址：https://www.chinaventure.com.cn/report/1005 - 20231205 - 1747.html。

为了发挥国有风险投资对产业引导的功能，中央、部委和省级地方政府都相继出台了一系列文件，对政府出资基金的投资阶段、投资领域、投入方式、运行模式等进行了规定，旨在充分发挥其“修正效应”和“激励效应”，服务于实体经济高质量发展，本节按照中央、部委和省级三个层面对相关政策进行了梳理，具体见表7－1、表7－2和表7－3。

表7－1　　中共中央、国务院发布的政府投资与产业引导政策

发文时间	文件名称	发文部门（文号）	有关产业引导政策内容
2015年3月	《中共中央　国务院关于深化体制机制改革加快实施创新驱动发展战略的若干意见》	中共中央　国务院（中发〔2015〕8号）	按照市场化原则研究设立国家新兴产业创业投资引导基金，带动社会资本支持战略性新兴产业和高技术产业早中期、初创期创新型企业发展
2016年7月	《中共中央　国务院关于深化投融资体制改革的意见》	中共中央　国务院（中发〔2016〕18号）	根据发展需要，依法发起设立基础设施建设基金、公共服务发展基金、住房保障发展基金、政府出资产业投资基金等各类基金，充分发挥政府资金的引导作用和放大效应
2016年9月	《国务院关于促进创业投资持续健康发展的若干意见》	国务院（国发〔2016〕53号）	充分发挥国家新兴产业创业投资引导基金、国家中小企业发展基金、国家科技成果转化引导基金等已设立基金的作用。对于已设立基金未覆盖且需要政府引导支持的领域，鼓励有条件的地方按照“政府引导、市场化运作”原则推动设立创业投资引导基金，发挥财政资金的引导和聚集放大作用，引导民间投资等社会资本投入

表7-2　　国家部委发布的政府投资与产业引导政策

发文时间	文件名称	发文部门（文号）	有关产业引导政策内容
2015年11月	《政府投资基金暂行管理办法》	财政部（财预〔2015〕210号）	引导社会各类资本投资经济社会发展的重点领域和薄弱环节，支持相关产业和领域发展。各级财政部门一般应在以下领域设立投资基金：（一）支持创新创业；（二）支持中小企业发展；（三）支持产业转型升级和发展；（四）支持基础设施和公共服务领域发展
2015年12月	《关于财政资金注资政府投资基金支持产业发展的指导意见》	财政部（财建〔2015〕1062号）	聚焦重点产业：区分产业重点领域和薄弱环节，明确特定政策目标，在准确定位的基础上确定财政资金投入方式和支持产业发展的政府投资基金设立方案，解决好产业发展的瓶颈制约。具体按照《政府投资基金暂行管理办法》有关规定，限定支持领域。推动产业发展方面，主要支持外部性强，基础性、带动性、战略性特征明显的产业领域及中小企业创业成长。针对产业重点领域和薄弱环节，相继采取创业投资引导基金、产业投资基金等形式予以支持
2016年12月	《政府出资产业投资基金管理暂行办法》	国家发展改革委（发改财金规〔2016〕2800号）	投资方向，应符合区域规划、区域政策、产业政策、投资政策及其他国家宏观管理政策。主要投向：（一）非基本公共服务领域；（二）基础设施领域；（三）住房保障领域；（四）生态环境领域；（五）区域发展领域；（六）战略性新兴产业和先进制造业领域；（七）创业创新领域
2017年3月	《政府出资产业投资基金信用信息登记指引（试行）》	国家发展改革委（发改办财金规〔2017〕571号）	本指引所称政府出资产业投资基金，是指有政府（含所属部门、直属机构）直接或委托出资，主要投资于非公开交易企业股权的股权投资基金和创业投资基金；政府出资设立的综合性基金（母基金）也适用本指引。基金材料齐备性核对和产业政策符合性审查通过后，发展改革部门在登记系统中予以确认

续表

发文时间	文件名称	发文部门（文号）	有关产业引导政策内容
2018 年 8 月	《关于做好政府出资产业投资基金绩效评价有关工作的通知》	国家发展改革委（发改办财金〔2018〕1043 号）	绩效评价与国家宏观政策导向、政府出资产业投资基金服务实体经济的能力和水平、行业社会信用体系建设有机结合，引导更多社会资本投入国家鼓励支持的重点领域和薄弱环节，推动基金在支持创新发展和产业升级方面发挥更大作用
2020 年 2 月	《关于加强政府投资基金管理　提高财政出资效益的通知》	财政部（财预〔2020〕7 号）	支持地方政府推进基金布局适度集中，聚焦需要政府调节的关键性、创新型行业领域，防止对民间投资形成挤出效应
2023 年 12 月	《中央引导地方科技发展资金管理办法》	财政部、科技部（财教〔2023〕276 号）	引导资金支持重大科技任务、区域科技创新体系建设、科技创新基地建设、科技成果转移转化。支持科技成果转移转化的资金，鼓励地方综合采用风险补偿、后补助、创投引导等财政投入方式

表 7－3　　省级政府发布的投资与产业引导政策

省份	文件名称	有关产业引导政策内容
北京	经开区《政府投资引导基金管理办法》	主要投向经开区工委、管委会确定的重点产业和重点领域，如高端制造、生物医药、数字经济、城市更新等，重点支持创新企业成长、优势企业并购重组和重点项目招引
	《北京市海淀区创业投资引导基金管理暂行办法》	主要投资对象原则上应当是在海淀区内注册设立的创业企业，并符合海淀区产业发展政策
上海	《上海市中央引导地方科技发展资金管理办法》	引导资金支持以下四个方面：（一）自由探索类基础研究；（二）科技创新基地建设；（三）科技成果转移转化；（四）区域创新体系建设
重庆	《重庆市科技创新股权投资引导基金管理办法》	重庆产业引导基金始终聚焦全市产业结构特点和改革方向，围绕“2＋6＋X”产业规划，聚力支持汽车、电子信息、医疗健康等重点产业，发挥“放大器”效应，引导社会资本为实体经济高质量发展持续注入活水，推动产业转型升级集群发展，塑造发展新动能、新优势；主要投资于人工智能、大数据、智能制造、生物医药、新材料、节能环保等重庆市扶持和鼓励发展的战略性新兴产业的创新型中小微企业

续表

省份	文件名称	有关产业引导政策内容
天津	《天津市天使投资引导基金管理暂行办法》	鼓励区域投资平台共同支持高等学校、科研院所、大学科技园、海河实验室、产业技术研究院、科技企业孵化器等机构设立子基金
深圳	《深圳市政府投资引导基金管理办法》	市引导基金的宗旨是发挥市场的资源配置作用和财政资金的引导放大作用，引导社会资本投向创新创业、新兴产业发展、城市基础设施建设、民生事业发展等领域，培育新兴企业，促进产业转型升级，提升民生事业和城市基础设施建设水平
广东	《广东省引导基金管理办法》	主要投向科技创新领域，已投资项目超过100个，涉及人工智能、生物医药、新材料、节能环保、高端装备制造等重点领域
江苏	《江苏省政府投资基金管理办法》	支持战略性新兴产业、高新技术产业、先进制造业、现代服务业及其他优势产业发展
浙江	《浙江省人民政府办公厅关于加快构建科技创新基金体系的若干意见》	重点投向“互联网+”、生命健康、新材料三大科创高地和“碳达峰、碳中和”技术制高点等重点领域的基础研究、应用基础研究、关键核心技术攻关项目
山东	《政府引导基金参投天使基金优惠政策》	引导基金参与设立的天使基金主要支持种子期、初创期的科技型、创新型企业
西藏	《关于进一步激发民间有效投资活力促进经济持续健康发展》	发挥财政性资金引导作用，通过投资补助、资本金注入、设立基金等多种方式，广泛吸纳各类社会资本，支持企业加大技术改造力度，加大对关键领域和薄弱环节重点项目的投入
云南	《云南省重点产业投资基金管理暂行办法》	产业基金主要围绕省产业强省建设确定的重点产业开展投资。产业基金布局适度集中，聚焦需要政府调节的关键性、创新型行业领域
贵州	《贵州省创业投资引导基金管理办法》	通过单独或合伙设立多元投资策略的直投基金的方式，对三次产业中科技含量高、创新能力强的先导性企业和项目，特别是战略性新兴产业企业、高新技术企业和需要政府扶持的创业企业和项目进行投资，着力培育具有“三新”特征——新业态、新模式、新技术的企业和项目

续表

省份	文件名称	有关产业引导政策内容
青海	《关于印发省级政府投资基金管理办法的通知》	母基金投资以政府引导为首要目标，坚持落实国家和省委、省政府重大决策部署，限定于具有一定竞争性、存在市场失灵、外溢性明显的关键领域和薄弱环节。主要支持外部性强，基础性、带动性、战略性特征明显的重点产业领域、行业及中小企业和创新创业企业成长，同时避免片面追求投资收益或对社会投资产生挤出效应。投资范围和方向随国家和省相关政策变化适时调整
宁夏	《宁夏回族自治区政府投资基金管理办法》	引导社会资本投向枸杞、葡萄酒、奶及奶制品、肉牛和滩羊、电子信息、新型材料、绿色食品、清洁能源、文化旅游等符合自治区产业发展规划的领域
内蒙古	《内蒙古自治区乡村振兴产业发展基金管理办法政策解读》	重点支持自治区乡村振兴产业、自治区重点农牧业产业集群或产业链的重大项目
四川	《四川省省级产业发展投资引导基金管理办法》	省政府出资发起设立的投资基金应具有明确的产业政策导向和对社会资本的引导功能
广西	《广西壮族自治区人民政府关于设立广西政府投资引导基金的意见》	支持战略性新兴产业、高新技术产业、先进制造业、生态环保产业、现代服务业等重点产业发展和港口、园区等交通、工业基础设施建设以及“一带一路”等国家区域发展战略。优先在电子信息、先进制造、生物医药及大健康等产业实现新突破，取得新成效
福建	《福建省政府投资基金管理实施细则（暂行）》	基金应围绕产业转型升级、推进供给侧结构性改革和做好“六稳”等，重点支持创新创业、中小企业发展、产业转型升级、基础设施和公共服务等领域
河北	《河北省省级政府投资引导基金管理办法》	引导基金突出支持国家和省委、省政府确定的重点产业和关键领域，围绕供给侧结构性改革、构建新发展格局、发展现代产业体系、推进产业转型升级、建设创新型河北等开展投资运作，助推经济社会高质量发展
河南	《新兴产业投资引导基金实施方案》	重点投向新型显示和智能终端、生物医药、节能环保、新能源及网联汽车、新一代人工智能、网络安全、尼龙新材料、智能装备、智能传感器、5G和煤化工新材料等新兴产业及优势特色产业链条上的成长期、成熟期创新型企业

续表

省份	文件名称	有关产业引导政策内容
黑龙江	《黑龙江省省级政府投资基金管理暂行办法（征求意见稿）》	子基金一般应在以下领域设立。(一) 支持产业转型升级和发展。为落实产业政策，重点支持构建高质量“4567”现代产业体系，打造重点产业集群和经济发展新引擎，培育壮大战略性新兴产业。(二) 支持创新创业。(三) 支持中小企业发展。(四) 支持基础设施和公共服务领域
吉林	《吉林省产业投资引导基金管理办法的通知》	引导基金的管理运营要突出政策性、引导性、市场性，主要通过参股设立私募股权基金的方式开展投资。主要投资运营方式：围绕吉林省重点产业领域或薄弱环节参股设立子基金
辽宁	《辽宁省产业（创业）投资引导基金管理办法》	引导社会资本投向辽宁省产业发展重点领域和薄弱环节，支持相关产业和领域实现跨越发展
海南	《海南省中央引导地方科技发展资金管理实施细则》	支持落实省委、省政府关于建设种业、深海、航天、生命科学等领域创新高地的决策部署，主要支持省级实验室、省级技术创新中心、省政府部署的重大科技平台，聚焦支持省委、省政府部署的重大科研项目，体现集中财力办大事理念
新疆	《自治区政府和社会资本合作引导基金管理暂行办法》	PPP 基金的基本目标是运用市场手段，发挥财政资金杠杆作用，带动和引导社会资本参与政府和社会资本合作项目投资运营
山西	《山西省政府投资基金管理办法》	支持战略性新兴产业和先进制造业发展。聚焦新基建、新技术、新材料、新装备、新产品、新业态，走出转型新路径，做大做强若干产业创新链，助推山西省战略性新兴产业和先进制造业加快发展
安徽	《安徽省新兴产业引导基金管理办法》	围绕十大新兴产业设立 10 只主题母基金。其中，省发展改革委负责组建新一代信息技术、新能源汽车和智能网联汽车、新材料主题母基金；省经济和信息化厅负责组建高端装备制造、智能家电主题母基金；省科技厅负责组建人工智能主题母基金；省生态环境厅负责组建新能源和节能环保主题母基金；省卫生健康委负责组建生命健康主题母基金；省农业农村厅负责组建绿色食品主题母基金；省委宣传部负责以安徽文化和数字创意产业投资基金转承数字创意主题母基金。后续如有产业发展需要，可再视情况设立相关领域主题母基金

续表

省份	文件名称	有关产业引导政策内容
江西	《关于促进我省私募股权投资高质量发展的实施意见》	发挥政府产业引导基金的引导作用。充分发挥财政资金的引导和聚集放大作用，吸引民间投资尤其是优秀的私募股权基金等社会资本，投向“2+6+N”产业、战略性新兴产业、未来产业等
湖北	《湖北省政府投资引导基金管理办法（试行）》	围绕全省产业发展规划和布局，主要投向五大突破性发展优势产业、发展壮大八个新兴特色产业、数字经济等省政府鼓励发展的重点产业和领域
湖南	《湖南省中央引导地方科技发展资金管理实施细则》	结合省创新环境建设计划，针对区域重点产业等开展科技成果转移转化活动，包括技术转移机构、人才队伍和技术市场建设，以及公益属性明显、引导带动作用突出、有效提升产业创新能力、惠及人民群众广泛的科技成果转化示范项目等
陕西	《陕西省创业投资引导基金管理暂行办法》	发挥政府引导投资方向的作用，引导创业投资企业向创业前期和重建期的中小企业投资，提升中小企业的自主创新能力
甘肃	《甘肃省省级政府投资基金管理办法》	省级政府投资基金应聚焦省委省政府重大决策部署，支持重点领域、重点产业、重点区域发展。主要在绿色生态、创新创业、乡村振兴、文化旅游、战略性新兴产业、中小企业发展、产业转型升级、基础设施和公共服务等领域设立基金

7.3 国有风险投资发挥“声誉效应”

如果说信用是企业立身之根本，那么声誉则是企业的一张靓丽“名片”。良好的市场声誉不仅意味着公司或者机构拥有坚实的信用基础，还意味着其具备顶尖的专业知识和成功的市场经验。对于金融中介结构来说，声誉不仅影响自身业务的开展，同时也对其服务的对象产生深远影响。例如，现有研究表明审计机构的声誉能够影响被审计公司的股价，投资银行的声誉能够影响公司的 IPO 定价、再融资表现和长期表现（Hogan，1997；McLaughlin，Safieddine and Vasudevan，2000；Carter，Dark and Singh，1998）。

在风险投资领域，风投机构的市场声誉尤为重要。Nahata（2008）指出“由于风险投资行业高度关系化的属性，并且需要重复募集资金，对于风险投资家来说，保持和提升声誉至关重要”。声誉影响了风险投资机构的募、投、管、退各个环节。在募资环节，风投机构的声誉直接决定了管理人能够从风险投资者处所募集到的资金量。存在信息不对称和代理成本的条件下，风险投资者更加倾向于投资有较高声誉的风投机构。在投资环节，风投机构的声誉直接影响被投公司的选择。投资机构与初创公司的双向选择中，创业者往往会选择具有较高市场声誉的风投机构进行合作。声誉不仅代表着雄厚的资本实力，也代表着初创企业所能获得的优质服务。同时，获得知名风险投资机构的融资也向市场彰显了初创公司的发展潜力。在管理环节，具备较高声誉的风险投资机构依靠其成熟完善的管理框架和先进的管理经验，往往能够给公司治理带来正向效应。退出环节中，风投机构的声誉能够拓宽企业的退出途径，提高退出效率。

对于政府引导基金来说，寻找具有较高声誉的子基金管理人同样是一项重要的工作。高声誉的基金管理人能够更好地运营基金，获得更高的投资回报，进而实现政府与社会的双赢。公众通常认为政府在投资项目的选择或者资金管理人的选择上往往是不够专业的，但国外一项研究表明，风投母基金通常能够获得同等甚至超过业绩评价基准的投资回报，说明这些母基金能够识别出具有较高专业能力和声誉的基金管理人，并且与其开展合作（Harris et al.，2018）。

对于被投企业来说，获得高声誉风险投资机构的投资意义重大。声誉有助于风险投资机构与企业家、律师、投资银行、审计师和其他能够提供有用服务的人创建有益的工作关系，这些关系将对被投企业未来的经营管理产生重要的帮助（Sahlman，1990）。Gompers（1996）的研究发现相较于成立时间较长的风投机构来说，刚成立的风投机构所投资的公司上市时间更短，IPO 溢价更高，风投机构的公司治理参与度更低。Gompers 认为那些年轻的风险投资机构急于通过扶持公司上市在市场上建立声誉，以便获得更多风险投资者的投资。对于公司 IPO 之后的表现，Krishnan 等（2011）的研究发现风险投资机构的声誉与被投企业上市之后的长期表现显著正相关，而投后管理和持续监督在其中起到了重要作用。

通过坚持市场化运作原则，不断参与市场竞争，积极提高公司治理水平和投资能力，国有风险资本成为与本土独立风险投资机构、海外 VC/PE 投资机构具备同等竞争力的风投机构。经过多年耕耘发展，国有风险投资机构已经在我国风险投资市场树立了良好的品牌形象和公司声誉。据清科研究发布的榜单，2023 年中国创业投资机构 100 强前十名中，深创投、毅达资本、元禾控股、达晨创投、国投创业等国有控股的顶尖风险投资机构占据半壁江山①。国有风险资本依靠精心经营积攒起来的市场声誉，通过充分发挥“声誉效应”，助推创业公司做大做强，为经济高质量发展贡献卓越力量。

7.4 国有风险投资引领“守护效应”

助力科技创新企业成长壮大，加快实现高水平科技自立自强，进而推动经济高质量发展需要全社会的共同努力。科技创新并非纸上谈兵，高科技创新型企业的培育也并非一蹴而就，要在全社会营造鼓励创新、支持创新、敢于创新的良好氛围，为企业技术创新提供全生命周期管理，让创新企业和科技人才真正能够后顾无忧，全身心地投入研发工作，让科研成果能够顺利转化为生产力。2024 年 1 月 5 日，《国家金融监督管理总局关于加强科技型企业全生命周期金融服务的通知》（金发〔2024〕2 号，以下

① 榜单来源：清科研究中心《2023 年中国股权投资年度排名》，第二单元创业投资篇。网址：https：//www.pedata.cn/RANKING/2023/web/list_unveiled.html。

简称《通知》）指出，要完整、准确、全面贯彻新发展理念，深刻把握金融工作的政治性、人民性，深化金融供给侧结构性改革，把更多金融资源用于促进科技创新，不断提升金融支持科技型企业质效，推动创新链产业链资金链人才链深度融合，促进“科技—产业—金融”良性循环，助力高水平科技自立自强和科技强国建设。银行业和保险业要支持初创期科技型企业成长壮大、丰富成长期科技型企业融资模式、提升成熟期科技型企业金融服务适配性、助力不同阶段科技型企业加大研发投入，为科技型企业提供全生命周期金融服务。

相较于以银行信贷为主的间接融资，直接融资对于支持企业创新更为重要。处于创业早期阶段的公司由于技术创新的高风险性和抵押品不足问题，很难直接获得银行信贷。此时，以私募股权等方式进行的一级市场直接投融资就显得尤为重要。2023 年 10 月，中央金融工作会议指出要“优化融资结构，更好发挥资本市场枢纽功能，推动股票发行注册制走深走实，发展多元化股权融资，大力提高上市公司质量，培育一流投资银行和投资机构”。国有风险资本恰恰能通过对被投企业的全生命周期管理，既支持企业技术创新，又提高公司上市时的质量。从项目的筛选，到 IPO 前的各阶段融资，以及投后的公司监督治理，国有风险资本能够通过专业力量仔细呵护创业企业的每一个成长阶段。相较于银行作为“外部”债权人和监督人，国有风险资本是“内部”股东，更是直接参与管理者。这种与创业公司和团队更为紧密的沟通方式以及直接参与公司治理的优势在解决创业公司各阶段融资问题的同时，又提高了公司的质量。

国有风险资本的“守护效应”贯穿创业公司成长的各阶段，支持手段丰富多样。以苏州元禾投资博瑞医药为例，博瑞生物医药（苏州）股份有限公司是 2001 年创建的研发驱动型医药高科技企业，致力于研发及生产原创性新药和高端仿制药，以专业的产品开发能力和商业化能力，为患者提供价值卓越的产品。2019 年 8 月 27 日，元禾控股投资的博瑞生物医药获得科创板股票上市委员会审核通过，成为元禾控股投资的第 5 家登陆科创板企业。元禾控股通过旗下机构为博瑞生物医药提供股权投资、科技贷款、担保等综合性支持，持续帮助其快速发展，更为企业提供资源对接、上市辅导等增值服务，解决企业成长过程中的困难。元禾重元从2011年起投资博瑞生物医药，苏州禾裕科贷于2011年提供低息贷款授信，同时获得企业投资选择权并最终行权，成功践行“债权+股权”业务模式。2013年，博瑞生物成功发行3年期6000万元私募债，由元禾控股旗下担保公司进行担保。

在竞争日益激烈的风险投资领域，拥有雄厚资本实力的国有风险投资机构往往呈现集团化发展，通过下设诸多子公司，针对企业发展的不同阶段的融资需求，有针对性地提供专业金融服务。市场知名度较高的深创投、苏州元禾等国有风险投资机构还提供政府关系、企业合作平台、人才支持、品牌宣传等增值服务，为企业交流合作、人才招聘、品牌推广等提供综合性服务。

除了国有风险投资机构为单个企业提供全生命周期的专业服务，地方政府引导基金可以从更加宏观的层面对整个地区不同阶段的创业公司提供资金支持，覆盖面积更广，支持阶段更长。以杭州产业基金集群为例，杭州市人民政府在2023年发布《关于打造“3+N”杭州产业基金集群聚力推动战略性新兴产业发展的实施意见》，总体目标为“建立以科创投资、产业投资、并购投资为主，覆盖创新创业和企业发展全生命周期的产业基金体系，打造规模超3000亿元的“3+N”杭州产业基金集群。强化不同类型、不同功能定位、不同投资阶段基金之间的投资协同，服务五大产业生态圈高质量发展和现代产业体系建设”。基金集群由三只母基金加若干子基金构成，三只母基金分别是杭州科创基金、杭州创新基金和杭州并购基金。三只基金包含了创业投资、私募股权投资和后期并购投资三个板块，基本覆盖创业的整个生命周期，以稳定的资金链全方位助推科技创新。

本节整理了主要城市的政府引导基金的设立情况，主要的行业投资布局以及支持的行业和项目数量等，以便反映国有风险投资发挥“守护效应”服务高水平科技自立自强和实体经济高质量发展的典型做法，具体见表7-4。

表 7－4　　我国主要城市政府引导基金的相关实践

城市	引导基金数量、规模及参与方	引导基金主要投资领域
北京	截至 2022 年北京地区 31 只政府引导基金，其中市级 10 只，区级 21 只	一、北京市科技创新基金投资领域：重点聚焦人工智能、集成电路、软件和信息服务、新一代信息技术、医药健康、智能装备、新材料、新能源及新能源智能汽车、节能环保、文化创意设计、现代农业、科技服务等 二、北京高精尖产业发展基金投资领域：节能环保、通用航空与卫星应用、新能源智能汽车、集成电路、智能制造系统和服务、新一代健康诊疗与服务、新材料、智慧城市、人工智能等领域 三、经开区引导基金产业升级基金聚焦：新一代信息技术、机器人和智能制造、生物技术和大健康、新能源智能汽车、数字经济等符合经开区产业定位和相关产业政策的企业，重点关注产业链提升、强链补链、自主创新的事关经开区经济发展和产业促进的重大项目
上海	根据《上海市政府出资产业投资基金 2021 年绩效评价分数排名表》，上海市共计 32 只市、区两级政府出资产业投资基金参与了绩效评价	其中国投（上海）科技成果转化创业投资基金企业（有限合伙）的规模为 100 亿元，《上海打造未来产业创新高地发展壮大未来产业集群行动方案》提出，到 2030 年在未来健康、未来智能、未来能源、未来空间、未来材料等领域涌现一批具有世界影响力的硬核成果、创新企业和领军人才，未来产业产值达到 5000 亿元左右
深圳	2015 年，深圳成立了全国首只千亿元级规模的市政府投资引导基金，用财政资金"小投入"撬动社会资本"大投资"。从投资阶段看，市政府投资引导基金全面覆盖天使、VC、PE、并购等投资各阶段，撬动社会资本放大倍数达 4.56 倍	《深圳市人民政府关于发展壮大战略性新兴产业集群和培育发展未来产业的意见》等政策文件，提出按照"一产业集群，一专项基金"的理念组建"20＋8"产业基金群支持战略性新兴产业和未来产业发展，助力深圳构建高质量发展的现代产业体系。建设先进制造业中心、科技创新中心、消费中心、物流中心和金融中心
广州	广州市政府指导、广州产投集团主办的总规模 2000 亿元的母基金正式成立，包括规模 1500 亿元的广州产业母基金和规模	《广州市战略性新兴产业发展"十四五"规划》"3＋5＋X"战略性新兴产业，要求引导基金充分对接三大新兴支柱产业，包括新一代信息技术、智能与新能源汽车、生物医药与健康产业；五大新兴优势产业涵盖智能装备

续表

城市	引导基金数量、规模及参与方	引导基金主要投资领域
广州	500亿元的广州创投母基金；广州市新兴产业发展引导基金于2017年设立，由市财政全额出资，存续期10年。引导基金基础规模为18.03亿元	与机器人、轨道交通、新能源与节能环保、新材料与精细化工、数字创意；未来产业则是瞄准量子科技、区块链、太赫兹、天然气水合物、纳米科技等一批面向未来的前沿产业。 《广州市新兴产业发展引导基金管理暂行办法》规定引导基金发起设立的子基金主要投资领域须为新一代信息技术、智能与新能源汽车、生物医药与健康、智能装备与机器人、轨道交通、新能源与节能环保、新材料与精细化工、数字创意、量子科技、区块链、太赫兹、天然气水合物、纳米科技等领域，以及国家、省明确的战略性新兴产业领域，处于种子期、起步期、成长期、扩张期和成熟期等各发展阶段的企业
杭州	2023年6月，杭州市政府推出以杭州科创基金、杭州创新基金和杭州并购基金为主体的"3+N"基金集群，覆盖创新创业和企业发展全生命周期，总规模超3000亿元。前两只基金由杭州市国有资本投资运营有限公司管理，并购基金由杭州市金融投资集团有限公司进行管理	"3+N"基金集群主要目标是支持杭州市智能物联、生物医药、高端装备、新材料和绿色低碳五大产业为代表的战略性新兴产业集聚发展。强化不同类型、不同功能定位、不同投资阶段基金之间的投资协同，服务五大产业生态圈高质量发展和现代产业体系建设
青岛	截至2023年8月末，政府引导基金累计参股设立139只基金，认缴规模超过1400亿元；参股基金累计投资1250余个项目，投资额470余亿元，其中直接投资青岛项目近450个，投资额超过190亿元	主要投向24条重点产业链，以及市级以上重点人才创新创业、科技成果转化等项目，突出科技创新引领，为加快打造现代产业先行城市注入动力 市政府引导基金与国家级引导基金等组建战略基金超20只，累计规模超400亿元，借由这些"国字号""省字号"专项型基金，引入各类产业高端创新要素，赋能青岛产业发展
重庆	市财政局出资设立重庆市产业投资基金管理有限责任公司，受托管理基金。基金目标规模	产业投资基金的投资方向包括三大领域： 一是重大战略类项目，聚焦重大基础性、战略性、带动性作用的项目引进，由重庆市产业投资基金开展直投，

续表

城市	引导基金数量、规模及参与方	引导基金主要投资领域
重庆	为400亿元，基金来源主要为财政安排、存量市级政府投资基金、国有企业出资及基金收益等。围绕新能源汽车、专精特新等方向，引入优秀管理团队，发起一批子基金	或会同区县、开发区（园区）等联合设立特定项目基金开展投资 二是重点行业类项目，聚焦重点产业转型升级和发展前景好、成长能力强的产业项目，主要采取参股设立专项子基金的方式投资 三是科创培育类项目，聚焦处于“最初一公里”、具备核心技术的初创期科技型项目及“专精特新”孵化项目，主要采取设立科创培育基金的方式投资
成都	成都产业集团旗下成都市重大产业化项目投资基金聚集市、区（市）县两级财力。管理人入选清科、投中、融中等18个行业权威榜单	撬动社会资本组建子基金，先后招引中创新航、蜂巢能源、奕斯伟、中国电信等高能级项目在蓉落地，2023年引入“科创+重产”一体化管理，成都支柱产业——电子信息生态圈、重点投资新能源电池和新能源汽车产业链的上下游；围绕先进制造、电子信息、生物医药、材料能源四大产业方向为成都导入优质高端项目；按照“三个做优做强”、产业建圈强链、“四大结构”优化调整
合肥	自2022年3月设立至今，合肥市政府引导母基金——合肥市高质量发展引导基金有限公司设立47只参股母子基金，与社会资本合作设立参股基金超1500亿元。截至2023年2月底，合肥市政府引导母基金推荐招商项目总数达105个，计划总投资813亿元	“创投城市计划”作为“合肥模式”的升级版，即以基金为抓手，聚集资本、挖掘项目、判研项目、匹配项目与资本。 产业投资引导基金主要服务于合肥市先进制造业、现代服务业等优势主导产业。创业投资引导基金服务于合肥市集成电路、新能源汽车、机器人等重点发展的战略性新兴产业，支持创新创业和战略性新兴产业发展。天使投资基金服务于种子期、初创期科技型企业
宁波	2013年6月，市天使投资引导基金投资项目突破300个，3亿元自投金额直接引导社会资本超17亿元；2022年设立宁波市创业投资引导基金，规模为10亿元，以后可根据基金运作绩效适时调整基金规模。资金来源为财政专项资金、基金收益以及其他资金	市天使投资引导基金重点布局新一代信息技术、生物医药等战略性新兴产业； 市创业投资引导基金及其子基金主要支持高端装备、新材料、新一代信息技术、清洁能源、医疗健康、工业互联网、“5G+”产业、数字经济、智能物流等宁波市新兴产业领域初创期、早中期创新型企业

续表

城市	引导基金数量、规模及参与方	引导基金主要投资领域
苏州	苏州创新投资集团由此前已存在的苏州国发创投、苏州产投集团、苏州科创投、苏州天使母基金和苏州基金整合成立，注册资本达180亿元	苏创投建立不同投资阶段的专项投资基金，持续加大对“小而美、小而精”项目的投资力度，政府引导基金投资了以生物医药产业为主的子基金69只（总规模接近700亿元）
长沙	长沙市招商基金合伙企业（有限合伙）正式注册成立，基金规模100亿元，定位为长沙市产业发展母基金有限公司旗下的二级母基金，管理人为长投控股集团全资子公司长沙市长财私募基金管理有限公司；长投控股集团已设立300亿元长沙市产业发展母基金，基金定位为长沙市政府产业基金体系中的一级母基金，力争通过3~5年时间，打造管理规模超千亿元、辐射企业规模超万亿元的基金体系	长沙重点推进构建先进制造业集群体系，全力打造国家重要先进制造业中心，强力实施产业发展“千百十”工程，力争到2026年在全市打造15个左右千亿元级产业，实施180个左右十亿元级项目，规模工业总产值突破1.4万亿元。推动工程机械产业形成5000亿元能级，电子信息、新材料产业分别形成3000亿元能级，汽车、生物医药、食品及农产品加工等产业分别形成2000亿能级，先进计算、航空（大飞机）配套、节能环保、装配式建筑等产业分别形成1000亿元级。
武汉	设立总规模500亿元的政府产业引导投资基金，发挥财政资金产业引导和多级放大功能，力争到2025年实现武汉基金规模不低于3000亿元。共同设立市、区两级战略性母基金、重点产业基金、专项子基金等，聚焦武汉市重点产业、科技型企业、优势项目开展天使投资、创业投资等各类股权投资	背靠武汉大学、华中科技大学等高校的光谷，以聚焦“光芯屏端网”、生命健康两大产业集群，深入推进强链、延链、补链，进一步夯实产业基础，着力补齐核心设备、基础工艺、关键基础材料等领域短板，增强产业链、供应链自主可控能力；聚力推进数字经济与新消费深度融合，搭建一批新技术新产品应用场景，大力发展5G、人工智能、物联网等数字化产业，支持在线教育、在线医疗、在线文娱等数字消费服务新业态新模式加速发展，提升数字消费能级；前瞻性布局一批未来产业，制定支持量子科技、脑科学、区块链等未来产业培育政策，抢占未来产业制高点

7.5　国有风险投资激发“联动效应”

一木不成林，百川汇江海。在分工明晰、竞争日益激烈的现代市场经济体系中，良好的营商环境对企业的发展壮大具有十分重要的意义。要把正确处理政府和市场的关系作为优化营商环境的关键，推动有效市场和有为政府更好结合。只有产学研用紧密结合，党政企分工合作才能构建高效的现代化产业体系，进而助推经济高质量发展。以政府引导基金和国有风险投资公司为代表的国有风险资本依托自身资源优势，既能打通党政企沟通桥梁有效帮扶企业成长壮大，又能通过体系化、矩阵化的投资布局引导产业集群发展，为企业提供长期发展的市场环境。国有风险资本这种高效联动党政企各个主体、统筹引导产业集群和全产业链发展的效应被称为“联动效应”。

从亚当·斯密在《国富论》中提出“看不见的手”到凯恩斯主张政府干预经济，刺激有效需求，政府与市场之间的关系历来备受关注。有效解决政府和市场的关系包含两个方面的含义：第一，从宏观层面来讲，要明晰政府宏观调控和市场自发调节各自的局限；第二，从微观层面上讲，要解决好政府职权和公司运作的边界。在我国社会主义市场经济体制下，公有制经济、民营经济及混合所有制经济共同发展，这一问题显得尤为重要。如何在宏观层面和微观层面同时发力，更好地为企业创新成长提供优质服务和研发环境是当前政府和国有企业迫切需要解决的问题。

在微观层面，国有风险资本及国有风险投资机构属于国有企业，完全接受党的领导，必须要坚决执行党和国家的政策方针。此外，包括国有风险投资公司在内的国有企业天然与政府保持着良好的关系和密切的政策沟通，这种关系让国有风险投资机构能够撬动巨大的潜在政府资源。这样一来，国有风险资本一头连接着政府部门，另一头连接着民营初创企业，为党、政府和企业打通了一座沟通对接的桥梁，实现了党政企的密切结合。

中央的各项经济、金融、产业政策通过各级党委层层下达，责任不断向下传导。国有风险投资机构不仅要完成各项考核指标，还要接受巡视监督，所在的各级党委必须时刻保持清醒的政治站位，坚决完成自身使命任务。国有风险资本与政府机构所具有的各种紧密联系也使民营初创企业可以在后续的融资、审批、办理业务等诸多环节享受便利。此外，各种政府支持补贴优惠等政策利好信息也能迅速地传递到被投企业，为企业带来信息优势，让其能够更大程度享受政策优惠。国有风险资本在微观层面的这一党政企联动为助力中小民营初创企业的发展提供了最直接的帮助。

在宏观层面，各地设立的地方政府引导基金和产业发展基金则在宏观经济政策和地区产业发展之间搭建起了桥梁。近年来，各地政府设立本级政府引导基金的速度开始加快。相较于以往的一只基金笼统地支持一个行业，现在的地方政府引导基金逐渐呈现“矩阵”式结构，数只基金联合打造“基金矩阵”，不同基金聚焦不同领域及企业的不同发展阶段，系统化协同推进地区产业发展升级。“基金矩阵”的创新举措一方面有力支持了地方政府的产业发展规划，另一方面也促进了产业链、供应链的发展，强化了资金链的完备性，能够从多个维度为支持企业创新和战略性新兴产业发展提供金融力量。

据投中信息发布报告，截至2023年第三季度，我国累计设立各级政府引导基金1557只，累计自身规模达到2.99万亿元，主要集中在华东、华中和华北地区①。政府引导基金以省级和市级为主，呈现“顶层设计、集中管理、逐层放大”的趋势。地方政府设立的引导基金一方面响应国家产业政策和创新驱动发展战略，另外一方面也聚焦本辖区竞争优势，通过顶层设计驱动科技创新、尖端制造、新能源等行业共同发展，发挥产业集群优势。

在推动产业集群发展方面，西安市工业倍增引导基金是一个典型案例。2023年4月，西安市人民政府办公厅印发《西安市工业倍增引导基金设立方案》，该方案提出西安市工业倍增引导基金是由市政府批准设立，

① 资料来源：投中信息《2023年政府引导基金专题研究报告》。网址：https://www.chinaventure.com.cn/report/1005-20231205-1747.html。

按照市场化方式运作的市级政府投资基金。引导基金重点支持市、区国有平台和行业头部机构围绕全市电子信息、汽车、航空航天、高端装备、新材料新能源、食品和生物医药六大支柱产业领域发起设立的支柱产业专项基金（以下简称“专项基金”），力争在每个支柱产业领域分别引导形成集合规模不低于 50 亿元的支柱产业专项基金集群。引导基金、各专项基金结合西安市重点产业链链主企业、上下游重点项目投资需求，通过股权直投、产业并购、与链主企业、社会资本合作设立各产业链主题基金等多种方式，推动形成总规模不低于 1000 亿元的重点产业基金集群。最终行成“财政引导基金—支柱产业专项基金群—产业链主题基金—重点项目”的运作方式。

以政府引导基金为节点扩张而成的一系列基金矩阵，有效整合了政府财政资金、国有投资机构、独立风险投资机构、行业龙头企业等各方资源力量，进一步统筹了产业链、供应链、资金链和人才链，进而打造了一个系统性的创新链条，为地方产业发展、地区招商引资、企业技术创新和人才吸引就业等提供了巨大的机遇。国有风险资本的“联动效应”具有牵一发而动全身的力量，也将为区域经济协调发展和地方产业转型升级作出更大贡献。

第8章

新时代国有风险投资的发展方向

2023年10月中央金融工作会议提出“培育一流投资银行和投资机构”，12月中央经济工作会议进一步明确“鼓励发展创业投资、股权投资”。会议传递出的信息表明，创业投资和股权投资已成为推进科技强国和发展新质生产力一揽子工具箱中的重要组成部分，体现了中央对推动高质量发展更全面的认识和更坚定的信心，为创投行业承担更重大、更紧迫的任务指明了方向、提供了动力。中国的创业创新如火如荼地开展，中国的创业投资正面临着历史性的发展机遇。在过去20多年的时间里，中国国有风险投资的切身实践让我们意识到，站在历史潮头的创业投资需要更加锐意的创新精神、更加坚韧的心态和更加务实的实践。建设一流的国有风险投资体系，需要行业和企业不待扬鞭自奋蹄，始终把金融发展的政治性、人民性放在第一位，在金融强国中承担更大的历史使命，与广袤土地上有志创新创业者合作共赢，共同推动中国实体经济高质量发展。

8.1 金融强国建设对国有风险投资提出了新要求

8.1.1 金融发展必须始终将政治性、人民性放在第一位

2023年10月召开的中央金融工作会议强调要“深刻把握金融工作的政治性、人民性”，这是马克思主义金融理论中国化时代化的重大理论观

点，为做好新时代的金融工作，坚定走好中国特色金融发展之路提供了根本遵循。深刻理解金融工作的政治性、人民性的精神实质，准确把握中国特色金融发展之路，对加快建设金融强国，以金融推动经济高质量发展具有重要意义。

金融工作的政治性是指金融制度是经济社会发展中重要的基础性制度，它与国家的根本制度以及基本经济制度紧密联系。2024 年 1 月 16 日，习近平总书记在省部级主要领导干部推动金融高质量发展专题研讨班开班式上发表重要讲话强调，中国特色金融发展之路就是：坚持党中央对金融工作的集中统一领导，坚持以人民为中心的价值取向，坚持把金融服务实体经济作为根本宗旨，坚持把防控风险作为金融工作的永恒主题，坚持在市场化法治化轨道上推进金融创新发展，坚持深化金融供给侧结构性改革，坚持统筹金融开放和安全，坚持稳中求进工作总基调。坚持金融工作的政治性，就是要坚持党的领导，走好中国特色金融发展之路。推动金融强国建设，走好中国特色金融发展道路，必须要坚持金融的政治性。

坚持金融工作的政治性首先是坚持党对金融工作的全面领导。坚持党的全面的领导是金融工作的首要政治原则，更是做好金融工作，确保金融系统平稳健康有序发展的根本保证。党的十八大以来，在党中央集中统一领导下，金融系统有力支撑经济社会发展大局，坚决打好防范化解重大风险攻坚战，坚持深化金融供给侧结构性改革，深入推进金融体系反腐败斗争取得重大胜利。党的领导确保了金融的本质不变色不变味，确保了中国特色金融体系制度相较于西方资本主义金融体系的显著优越性。在建设金融强国的道路上，要始终坚持党对金融工作的全面领导，建立健全各项监督管理体制机制，强化金融队伍的政治意识和责任担当。

坚持金融工作的政治性还体现在服务于以中国式现代化推进中华民族伟大复兴的宏伟蓝图上。党的二十大报告指出从现在起，中国共产党的中心任务就是团结带领全国各族人民全面建成社会主义现代化强国、实现第二个百年奋斗目标，以中国式现代化全面推进中华民族伟大复兴。推动中国式现代化不断向前发展是人民的选择，是历史的选择。金融工作者应当不断强化使命担当，以中国特色金融强国之路建设好中国式现代化，实现好中华民族伟大复兴的中国梦。金融体系内的各个部门，应该各司其职，提高全局意识，培养系统思维，坚持同向发力，做好相互配合，共同为推动中国式现代化建设奉献智慧和力量。

金融工作的人民性指金融工作坚持以人民为中心的价值取向。所有社会经济活动都建立在人民劳动创造的基础上，生产劳动是价值创造的源泉，商业和金融活动的基础都是人类劳动。金融市场运行离不开人的活动和人的社会关系，离不开实体经济，坚持把金融服务实体经济作为根本宗旨，以服务人民美好生活、促进共同富裕为目标，落实好服务实体经济、防范化解金融风险、深化金融改革三项任务，为服务构建新发展格局、推动高质量发展贡献金融力量。

坚持金融工作的人民性必须坚持把金融服务实体经济作为根本宗旨。实体经济是一国经济的立身之本，是财富创造的根本源泉，是国家强盛的重要支柱。党的二十大报告指出“坚持把发展经济的着力点放在实体经济上”。金融是国民经济的血脉，是国家核心竞争力的重要组成部分，金融的本质在于资金融通，在于信用。脱离实体经济的金融是没有任何内在价值的，金融只有依托实体经济的运转才能创造更大的价值。因此在推进中国式现代化的伟大征程上，必须坚持金融服务实体经济，坚决防止脱实向虚。

坚持金融工作的人民性必须坚持发展普惠金融。普惠金融就是要扩大金融参与，让所有的群众都能享受到便捷、丰富的金融服务，让经济社会发展的红利能够惠及更多的人。推进中国式现代化进程中，金融工作要始终坚持普惠包容，不断满足人民群众日益美好的生活需要，努力为人民群众提供更好、更优质的金融服务，更好满足人民群众和实体经济多样化的金融需求。

8.1.2 金融更好服务高质量发展的路径

坚定不移走好中国特色金融发展之路，以金融高质量发展更好服务经济高质量发展，进而推动中国式现代化向前发展需要做好以下几个方面：

第一，要切实提高金融服务实体经济质效。近年来，在党的全面领导下我国金融系统有力支撑经济社会发展大局，在推动供给侧结构性改革、脱贫攻坚、科技创新、生态环保等方面作出重要贡献，金融资源不断向重点领域和薄弱环节倾斜，在服务经济高质量发展方面发挥了积极作用。但是，也要清醒看到，金融服务实体经济的质效仍然不高，与实现高质量发展的要求相比，还存在一定差距。要坚持把金融服务实体经济作为根本宗旨，不断深化金融体系改革，破解阻碍金融服务实体经济的体制机制障碍。持续不断疏通政策传导的堵点，坚持不懈打造金融服务实体经济的渠道平台，真正发挥金融推动经济不断前进的“润滑剂”作用。

第二，要全面深化金融供给侧结构性改革。金融作为国民经济的血脉，只有血脉纯净畅通，国民经济才能平稳健康发展。要持续不断推动金融供给侧结构性改革，努力提高关键核心金融要素的国际竞争力。习近平总书记在 2024 年省部级主要领导干部推动金融高质量发展专题研讨班开班式上指出要“拥有强大的货币、强大的中央银行、强大的金融机构、强大的国际金融中心、强大的金融监管、强大的金融人才队伍”。国有金融机构应当主动融入国家发展战略，提高金融供给质量，以敢为人先的勇气和奋勇争先的锐气切实提升自身能力水平和服务质量。

第三，要认真做好金融的“五篇大文章”。高质量发展是全面建设社会主义现代化国家的首要任务，做好科技金融、绿色金融、普惠金融、养老金融、数字金融五篇大文章对推动经济高质量发展意义重大。“五篇大文章”为金融高质量发展提供了五个方向，国有金融机构应当结合自身功能定位，把更多金融资源用于促进科技创新、先进制造、绿色发展和中小微企业，大力支持实施创新驱动发展战略、区域协调发展战略。

第四，要始终坚持有效防范化解金融风险。金融业本身就是一个具有较高风险性的行业，其风险不仅能够在体系内部传导积聚，还能够直接扩散蔓延到整个经济体系中，因此防范化解金融风险，统筹发展与安全十分重要。金融业要始终不断加强外部监管和内部风险控制。国有金融机构应当制定健全完善的风险管理制度规章，压实自身风险防控责任，切实履行风险预判、评估、处理职责。以外部金融监管的约束力和内部监督的自驱力双重力量有效防控风险，将潜在危险暴露于风控制度框架内，坚决防止“黑天鹤”和“灰犀牛”事件的发生。

经济高质量发展离不开金融助力，在我国以国有金融机构为主导的金融体系下，国有金融机构要深刻把握国家宏观经济形势和产业发展政策，以党的二十大报告为指引，以中央金融工作会议精神为要求，切实增强自身政治担当，不断深化改革创新能力，提高服务实体经济质效，努力做好金融的“五篇大文章”，以金融高质量发展助力实现中国式现代化。

8.1.3 国有风险投资应当承担更大报国使命

习近平总书记分别在中央金融工作会议和省部级主要领导干部推动金融高质量发展专题研讨班开班式上明确了加快建设金融强国的“六个强大”关键核心要素和构建中国特色现代金融体系的“六大体系”。“六个强大”关键核心要素中包括强大的货币、强大的中央银行、强大的金融机构、强大的国际金融中心、强大的金融监管、强大的金融人才队伍；“六大体系”中包括科学稳健的金融调控体系、分工协作的金融机构体系、结构合理的金融市场体系、完备有效的金融监管体系、多样化专业性的金融产品和服务体系、自主可控安全高效的金融基础设施体系。“六个强大”和“六大体系”概括了我国特色金融体系未来发展的整体框架，阐释了金融强国的重要内涵，必须深刻领悟并全面贯彻执行。

国有风险投资作为中国特色金融体系的重要一环，既要成为“六个强大”中的“强大的金融机构”，又要积极参与构建“六大体系”中的“分工协作的金融机构体系”和“多样化专业性的金融产品和服务体系”。首先，国有风险投资是国家出资设立的从事风险投资（包括创业投资、私募股权投资等）的专业投资机构。作为一级市场的重要参与者，国有风险投资机构为我国一级市场的发展壮大以及相关制度法律的建立健全作出了重要贡献，为提升我国直接融资比例、促进资本市场多元有序健康发展贡献了巨大力量，为创业企业解决融资难题、培育科技创新作出了突出贡献。打造强大的国有风险投资机构是建设金融强国，走好中国特色金融发展之路的一大创新举措。其次，在我国以银行为主的间接融资体系中，特色鲜明、职能明确的国有风险投资机构有利于构建“分工协作的金融机构体系”和“多样化专业性的金融产品和服务体系”。西方发达国家普遍具有较高的直接融资比例，一级与二级资本市场的发展也相对较为均衡。而我国间接融资占据绝大部分，而且二级资本市场的建设要远远超越一级市场的发展水平。因此，培育发展强大的国有风险投资能够有效弥补资本市场的结构失衡，丰富资本市场功能，提高金融机构的服务水平。

当今世界，百年未有之大变局深入演进。疫情之后，全球经济陷入深度衰退，战争与冲突持续不断，全球产业链、供应链陷入持续危机。在充满不确定性和不安全性的环境中，唯有把握历史主动，才能抓住历史机遇。相较于欧洲能源危机和美联储激进加息引发的经济衰退，我国经济始终平稳健康发展，为世界经济复苏提供强大动力，靠的就是坚持创新驱动发展，坚持高质量发展。习近平总书记曾指出当今世界的竞争，归根结底是人才的竞争、科技的竞争、创新的竞争。突破一大批关键核心卡脖子技术，把核心知识产权和科技成果掌握在自己手中就是在把握历史主动。而国有风险投资在助力大众创新、万众创业中具备显著优势和突出作用。在实施举国创新体制和创新驱动发展战略的大背景下，作为我国自主金融体系创新的一部分，国有风险投资应提升自身定位，抓住市场机遇，瞄准资本市场功能薄弱之处锐意进取、大胆创新，切实服务好金融强国建设。

8.2 国有风险投资融入金融强国大局的新动向

作为我国特色金融体系的重要组成部分，国有风险投资的未来发展必然是深度融入到金融强国建设大局中。根据党的二十大报告对经济社会发展描绘的宏伟蓝图和习近平总书记对经济金融工作作出的重要指示，结合国内外风险投资领域最新的发展变化，我国国有风险投资逐渐呈现出如下新动向。

8.2.1 国有风险投资占比持续提高

党的二十大报告将实现全面建成社会主义现代化强国的宏伟目标划分成了两个切实可行的阶段性目标，其中第一阶段的目标是从 2020 年到 2035 年基本实现社会主义现代化。届时，我国将实现科技自立自强并且进入创新型国家前列，现代化经济体系和新发展格局得以形成，经济实力和科技实力得到大幅跃升。而未来五年的主要目标任务之一是经济高质量发展取得新突破，科技自立自强能力显著提升。为了实现以上目标任务，未来五到十年，我国将始终坚持创新驱动发展战略，大力推动举国创新体制机制建设，进一步强化企业科技创新的主体地位，促进战略性新兴产业蓬勃发展。相应的产业支持政策和政府投资政策也将持续不断落地。

风险投资作为创新企业的孵化器，在发现和助力高科技企业成长的过程中承担不可或缺的角色，也将不断享受政策红利。同时，相较于民间独立风险投资机构，国有风险资本具有显著的资本优势、政策优势，能够撬动更多的政府资源。因此，国有风险投资在我国私募股权投资市场的份额呈持续加大趋势。在国有风险资本中，政府引导基金的发展趋势迅猛。近几年，各地政府纷纷设立引导基金形成“基金矩阵”，促进尖端医疗、新能源、半导体、智能制造等先进产业集群化发展，初步成效令人满意。集群优势、逐级放大效应，以及覆盖全产业链、全生命周期的顶层设计使政府引导基金的效能显著。因此，在未来的一段时期内，国有风险投资占私募股权投资市场的份额将进一步提高，国有风险投资中政府引导基金的占比仍将持续加大，政府引导基金尤其是省市两级的政府引导基金将延续当前发展态势，占据风险投资市场的主要部分，图 8－1 的数据也展现了这一趋势。

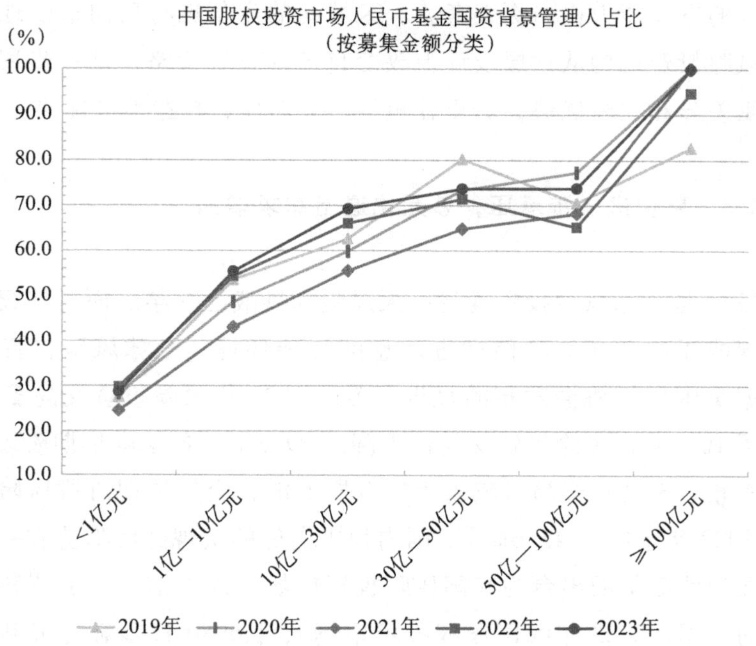

数据来源：清科研究中心。

图 8－1　股权投资市场国资背景管理人占比

8.2.2　区域竞争态势逐步加大

国有风险投资的区域竞争态势或将逐步加大，对国有风险投资的顶层设计以及管理人专业水平提出更高要求。随着国家产业转型升级政策和创新驱动发展战略的不断推动，各地政府纷纷开始布局本地区的产业升级方案。近几年，各地政府出台设立了一大批的产业引导基金，规模大小各异，方式层出不穷，大多是支持本地生物医药、人工智能、信息科技、绿色低碳、电子芯片等产业加速发展。为了带动本地经济和产业发展，引导基金在加大让利幅度的同时基本都设有返投要求。地方政府的这种“本地偏好”可能会加剧国有风险投资的地区竞争态势，让体量尚小的风险投资赛道更加拥挤。激烈的竞争会给国有风险投资基金的管理人带来较大的投资压力，要求他们在项目筛选分析的时候更为审慎，前瞻性更强，这无疑对管理人的专业能力提出更大考验。区域间的竞争也将反向迫使地方政府和国有风险投资机构从顶层设计上改变自己的投资策略，进一步聚焦地区资源禀赋差异和比较优势，着重补短板、强弱项，打造地区优势产业链。

8.2.3 募资进一步承压，多元化退出需求增加

2023年是全球风险投资遭遇巨大风险和挑战的一年。面对持续地缘冲突、大国博弈加剧和美联储激进加息的复杂环境，全球风险投资整体下滑。根据美国风投协会发布的报告，美国2023年风险投资交易量较2022年下降了10.4%，风险投资交易额下降了29.6%。各季度早期阶段的风险投资（A轮、B轮）交易量较去年均有所下滑，全年早期阶段风险投资交易额较2022年下降了43.6%[①]。国内稳中向好的宏观经济形势和一系列稳增长、促消费政策的出台为我国风险投资市场注入了信心。据清科研究中心发布的数据，2023年我国股权投资市场共计6980只基金完成新一轮募集，数量同比微降1.1%；募资规模18244.71亿元人民币，同比下降15.5%。创业投资依旧保持较高活跃度，创投基金数量继续增加，但是募资金额有所下降。据统计，共有4609只创业投资基金完成新一轮募集，数量同比增长3.7%，占比由2022年的63.0%进一步提升至66.0%；募资规模为6404.37亿元人民币，同比下降4.7%。

当前我国风险投资的主要退出途径依然是IPO。2023年动荡的A股市场以及日趋严格的上市监管审核使国内整个风险投资行业的退出渠道遭受冲击。据清科研究中心的统计，2023年中国股权市场通过IPO退出的案例数占比达54%，较2022年下降8%。其次是通过股权转让、回购和并购等方式，占比分别为24%、15%和6%，回购交易案例数大幅增长。

从企业端来看，共267家上市企业获得VC/PE支持，同比下降24.1%，其中A股共217家VC/PE支持企业IPO，同比下降30.0%，风险投资通过企业IPO获得的账面回报倍数也同步下调。因此，在不确定的国

① 资料来源：PitchBook & NVCA《Q4 2023 PitchBook - NVCA Venture Monitor Report》。网址：https：//nvca.org/pitchbook - nvca - venture - monitor/。

际大环境及国内经济波浪式发展、曲折式前进的大背景下，国有风险投资未来必须更加注重投资组合的风险管理，通过合理分散投资阶段、调整行业投资集中度、有效配置资源以及更加精细化的投后管理等多种方式降低投资组合的风险，确保风险可控。此外，探索二手基金、并购交易等多元退出途径也是国有风险投资风险管理的重要考虑。

8.2.4　投后服务功能亟需提升

金融服务实体经济的根本宗旨要求金融机构尤其是国有金融机构牢固树立服务意识，当好实体经济的服务者，切实提高自身服务能力和水平。创新绝不是简简单单靠投融资就能解决的，充足的资金只是创新成功的必要条件，足够的耐心和更加完善的服务同样不可或缺。国有风险投资作为贯彻执行党和国家创新政策、产业发展政策的“排头兵”，更应当自觉深化自身与科创公司之间的合作，为创业企业提供更为长期、更加全面、更可持续的后期服务。在这一点上，大部分独立风险投资机构以及企业风险投资做的更为领先。他们在与创业团队和公司的长期合作中，展示了更大的耐心并提供了更多的增值服务，包括供应商和客户推荐、人事招聘、企业宣发等。在未来更为激烈的市场竞争中，国有风险投资只有强化自身的服务意识和能力，充分发挥自身独具的资源禀赋，才能始终在风险投资的波涛中勇立潮头。

8.3　国有风险投资服务高质量发展的政策建议

从 1992 年 IDG 资本进入中国，开启中国创投时代到 2022 年股权投资市场募资金额迈上 20000 亿元的新台阶，我国风险投资栉风沐雨三十载，为培育民族企业、激励科技创新立下汗马功劳。这其中以国有直投和政府引导基金为主的国有风险投资已经发展成为我国风险投资领域的主力军，在引领创投趋势，引导产业发展，引入先进经验，引育创新模式等方面作出了突出贡献。在以金融强国建设推动经济高质量发展和中国式现代化前进的征途上，必须发展好国有风险投资，巩固好国有风险投资的市场地位。面对新的使命任务，为支持国有风险投资更好发展，提出以下几点政策建议。

8.3.1 进一步明确基金定位和评价导向

明确政府引导基金角色定位，明晰各级政府引导基金的职能和定位，建立健全政府引导基金综合绩效评价体系，进一步激发引导基金的放大效应。随着地方政府引导基金不断放量，国有风险投资将进入新的快速发展阶段。未来必须进一步明确政府引导基金的角色定位，明晰中央、省级、市级以及区县级各层次政府引导基金的功能定位，促进引导基金规范发展。建立全面、真实、准确反映政府引导基金发展成效的综合评级体系尤为重要，可以从综合质效、市场化、法制化、创新性和可持续性五个方面构建评价指标对地方政府引导基金进行考量，对具有典型成效的投资案例予以宣传，及时调整或者终止效果不佳的引导基金。

8.3.2 进一步优化投资管理和考核机制

建立健全投早投小投科技的政策机制，着力完善基于总体收益的国有资本考核体系，激励国有风险资本提高失败容忍度，加大对早期阶段高科技公司的投资力度。国家下一步可以出台更多鼓励投早、投小、投科技的政策措施，进一步加大风险投资的财政税收优惠支持力度，完善国有风险投资的考核体系，激发国有风险投资进行早期投资、长期投资的内生动力，包括但不限于实施总体收益考核而非经济收益考核，探索延长对于早期投资项目退出期的要求，进一步提高对于国有风险投资的过程性评价，利用人工智能等先进技术加强实时的风险监测和监督等。

8.3.3　进一步丰富多元化退出机制

完善风险投资退出机制，大力推广二手基金（S 基金），促进股权转让市场、并购市场发展，丰富风险投资的退出渠道，提高退出效率和稳定性。目前我国风险投资的主要退出渠道仍然是 IPO，近年来，二手基金不断兴起，为国有风险投资进行风险管理和资金退出开辟了新通道。此外，并购市场和回购交易的蓬勃发展也为国有风险投资高效退出作出了贡献。S 基金能够提高股权投资市场的流动性和股权定价效率，而并购交易帮助企业快速扩张升级，产生协同效应。不断拓宽国有风险投资的退出渠道依然需要 S 基金、并购市场、股权回购等多元化退出机制齐头并进。

8.3.4　进一步完善资本市场制度建设

健全资本市场功能，尤其要健全科创板和创业板机制，规范产权交易市场和网络建设，更好营造风险共担、利益共享的资本市场。功能完善，体制健全的资本市场无论是对被投企业，还是对风险投资机构来说都有着十分重要的作用。我国风险投资的主要退出渠道仍然是 IPO，被投企业的主要上市板块是科创板和创业板。健全科创板、创业板市场机制，规范产权交易市场和网络建设，真正实现风险共担，利益共享对构建风险投资闭环具有重要意义。

参考文献

[1] 蔡宁. 风险投资"逐名"动机与上市公司盈余管理[J]. 会计研究, 2015 (05): 20 – 27, 94.

[2] 曾勇, 郭文新, 李典蔚. 风险投资合约及治理机制实证研究综述[J]. 管理科学学报, 2008 (01): 110 – 121.

[3] 陈工孟, 俞欣, 寇祥河. 风险投资参与对中资企业首次公开发行折价的影响——不同证券市场的比较[J]. 经济研究, 2011, 46 (05): 74 – 85.

[4] 陈少强, 郭骊, 郏紫卉. 政府引导基金演变的逻辑[J]. 中央财经大学学报, 2017 (02): 3 – 13.

[5] 陈思, 何文龙, 张然. 风险投资与企业创新: 影响和潜在机制[J]. 管理世界, 2017 (01): 158 – 169.

[6] 陈旭东, 杨硕, 周煜皓. 政府引导基金与区域企业创新——基于"政府 + 市场"模式的有效性分析[J]. 山西财经大学学报, 2020, 42 (11): 30 – 41.

[7] 陈玉罡, 王苏生. 创业投资 IPO 偏低定价与退出绩效实证研究[J]. 证券市场导报, 2007 (10): 60 – 64.

[8] 成力为, 邹双. 风险投资后期进入对企业创新绩效的影响研究——选择效应抑或增值效应? [J]. 管理评论, 2020, 32 (01): 80 – 90.

[9] 程聪慧, 王斯亮. 创业投资政府引导基金能引导创业企业创新吗? [J]. 科学学研究, 2018, 36 (08): 1466 – 1473.

[10] 程聪慧. 政府引导基金带动创业企业成长的机制研究——以上海为具体案例的分析[J]. 地方财政研究, 2022 (11): 36 – 48.

[11] 程立茹，李屹鸥．认证监督还是逆向选择——风险投资对创业板 IPO 抑价影响的实证研究[J]．北京工商大学学报（社会科学版），2013，28（05）：105－112.

[12] 邓晓兰，孙长鹏．企业创新、产业升级与政府引导基金的作用机制[J]．山西财经大学学报，2019，41（05）：54－67.

[13] 董建卫，王晗，郭立宏．政府引导基金本地投资对企业创新的影响[J]．科技进步与对策，2018，35（03）：116－122.

[14] 董建卫，王晗，施国平等．政府引导基金参股创投基金对企业创新的影响[J]．科学学研究，2018，36（08）：1474－1486.

[15] 董静，汪江平，翟海燕等．服务还是监控：风险投资机构对创业企业的管理——行业专长与不确定性的视角[J]．管理世界，2017（06）：82－103，187－188.

[16] 杜江，孟佳，袁昌菊．我国风险投资空间分布与退出绩效[J]．财经科学，2019（08）：26－41.

[17] 樊轶侠，孙家希．地方政府引导基金运作实践及其改进[J]．地方财政研究，2016（11）：96－100.

[18] 范晓敏，陈伟宏，游家兴．国有风险投资的投资偏好及其政策效果[J]．经济管理，2021，43（01）：35－53.

[19] 方意，和文佳，荆中博．中国实体经济与金融市场的风险溢出研究［J］．世界经济，2021（08）：3－27.

[20] 冯丹婧．国有风险投资的投资行为和投资成效探析[J]．纳税，2018（01）：177.

[21] 冯慧群．风险投资对公司治理的影响效应——文献述评与研究展望[J]．现代管理科学，2016（07）：67－69.

[22] 付雷鸣，万迪昉，张雅慧．VC 是更积极的投资者吗？——来自创业板上市公司创新投入的证据[J]．金融研究，2012（10）：125－138.

[23] 宫义飞，张可欣，徐荣华等．政府引导基金发挥了“融资造血”功能吗[J]．会计研究，2021（04）：89－102.

[24] 苟燕楠，董静．风险投资背景对企业技术创新的影响研究[J]．

科研管理，2014（02）.

[25] 郭洁，薛玉飞. 加快建设金融强国：政策逻辑、内涵要求与中国改革路径优化[J]. 金融经济学研究，2024，39（01）：33－49.

[26] 韩瑾. 风险投资对创业企业创新绩效的影响[J]. 投资与创业，2021，32（22）：34－36.

[27] 何顶，罗炜. 风险投资声誉和股价"传染"效应——来自中国上市公司立案公告的证据[J]. 金融研究，2019（09）：169－187.

[28] 何涌. R&D投入能促进企业创新质量的提升吗：基于风险投资的调节作用[J]. 经济经纬，2019，36（04）：118－125.

[29] 贺灿飞，齐放，盛涵天. 风险资本、政府引导基金与区域产业演化[J]. 区域经济评论，2024（01）：13－21.

[30] 贺括，蒋仁爱，石皓月. 中国政府引导基金与社会资本投资效应研究[J]. 统计与信息论坛，2024，39（01）：44－57.

[31] 胡志颖，周璐，刘亚莉. 风险投资、联合差异和创业板IPO公司会计信息质量[J]. 会计研究，2012（07）：48－56，97.

[32] 黄福广，张慧雪，彭涛. 国有资本如何有效参与风险投资？基于引导与直投的比较证据[J]. 研究与发展管理，2021，33（03）：30－42.

[33] 黄鹏翔，黄翔，黄天翔. 国有风险投资挤入还是挤出私有风险投资——基于中国风险投资事件的事件史分析[J]. 中国经济问题，2021（03）：104－117.

[34] 黄思涵. 风险投资IPO退出的经济后果分析[J]. 投资与创业，2021，32（09）：13－15.

[35] 黄嵩，倪宣明，张俊超等. 政府引导基金能促进技术创新吗？——基于我国科技型初创企业的实证研究[J]. 管理评论，2020，32（03）：110－121.

[36] 贾宁，李丹. 创业投资管理对企业绩效表现的影响[J]. 南开管理评论，2011，14（01）：96－106.

[37] 蒋健，刘智毅，姚长辉. IPO初始回报与创业投资参与——来自中小企业板的实证研究[J]. 经济科学，2011（01）：81－92.

[38] 康永博，王苏生，彭珂．风险投资发挥监督作用了吗？——风险投资对公司创业投资（CVC）信息披露制度作用发挥的影响研究[J]．管理评论，2019（05）：203－212.

[39] 孔东民，王江元．机构投资者信息竞争与股价崩盘风险[J]．南开管理评论，2016（05）：127－138.

[40] 劳剑东，李湛．控制权的相机分配与创业企业融资[J]．财经研究，2004（12）：28－33.

[41] 李洪江．政府导向型创业投资引导基金绩效评价指标体系研究[J]．科技管理研究，2010，30（15）：45－49.

[42] 李梦雅，严太华．风险投资、技术创新与企业绩效：影响机制及其实证检验[J]．科研管理，2020，41（07）：70－78.

[43] 李善民，梁星韵，王大中．中国政府引导基金的引导效果及作用机理[J]．南方经济，2020（08）：1－16.

[44] 李曜，王秀军．我国创业板市场上风险投资的认证效应与市场力量[J]．财经研究，2015，41（02）：4－14.

[45] 李宇辰．我国政府产业基金的引导及投资效果研究[J]．科学学研究，2021，39（03）：442－450.

[46] 李玉华，葛翔宇．风险投资参与对创业板企业影响的实证研究[J]．当代财经，2013（01）：75－84.

[47] 李越冬，严青．风险投资“抑制”还是“放纵”内部控制缺陷？[J]．科研管理，2019，40（08）：101－112.

[48] 李志文，余佩琨，杨靖．机构投资者与个人投资者羊群行为的差异[J]．金融研究，2010（11）：7－89.

[49] 刘超．政府产业引导基金发展问题分析[J]．投资与创业，2023，34（09）：175－177.

[50] 刘焕鹏，严太华．智力资本、风险投资与高端装备制造企业效率：基于 DSBM 方法与 Tobit 模型的实证研究[J]．山西财经大学学报，2015，37（05）：63－72.

[51] 刘辉，赵玮，温军．风险投资对上市公司业绩影响的实证研究

[J]. 软科学，2016，30（02）：69－73.

[52] 刘世全. 企业绩效影响因素分析——以深市上市公司2011年数据为例[J]. 财会通讯，2013（36）：80－83.

[53] 刘英. 加快建设金融强国，走中国特色金融发展之路——解读中央金融工作会议[J]. 金融市场研究，2023，（12）：17－28.

[54] 刘玉斌，于琳. 我国政府引导基金及创业投资市场发展的现状、问题及对策[J]. 科技与金融，2023（05）：28－37.

[55] 刘媛媛，黄卓，谢德逊等. 中国上市公司股权结构与公司绩效实证研究[J]. 经济与管理研究，2011（02）：24－32.

[56] 龙勇，庞思迪，张合. 风险资本投资后管理对高新技术企业治理结构影响研究[J]. 科学学与科学技术管理，2010，31（09）：158－162.

[57] 吕斌. 政府引导基金发展历程及发展方向[J]. 中国财政，2021（23）：69－70.

[58] 马宁，孟卫东，姬新龙. 国有风险资本协同智力资本的企业价值创造研究[J]. 研究与发展管理，2018，30（01）：60－71.

[59] 马宁. 风险投资、企业会计信息透明度和代理成本[J]. 管理评论，2019，31（10）：222－233.

[60] 彭涛，黄福广，李娅. 国有风险投资的有效性：认证与增值作用的比较研究[J]. 管理评论，2022，34（01）：26－36.

[61] 齐绍洲，罗威. 风险投资基金对企业治理结构的影响[J]. 证券市场导报，2004（04）：54－58，79.

[62] 乔晗，汪贵州，汪寿阳. 风险投资能筛选并培育优质企业吗？——基于中国创业板的模糊断点回归分析[J]. 系统工程理论与实践，2020，40（12）：3059－3079.

[63] 权小锋，徐星美. 风险投资、内部控制与审计定价[J]. 财经研究，2017（3）：153－167.

[64] 阮拥英，周孝华. 创投机构对被投资企业业绩的真实影响——基于内生性视角的研究[J]. 投资研究，2015，34（05）：79－93.

[65] 沈维涛，胡刘芬. 风险资本联合投资对被投资企业公司治理的

影响研究——基于董事会结构和高管薪酬契约的视角[J].财经论丛，2014（04）：64－71.

[66] 施国平，陈德棉，董建卫等．国有企业作为有限合伙人参与风险投资对创新产出的影响[J].管理学报，2020，17（07）：1024－1032.

[67] 施国平，党兴华，董建卫．引导基金能引导创投机构投向早期和高科技企业吗？——基于双重差分模型的实证评估[J].科学学研究，2016，34（06）：822－832.

[68] 宋芳秀，李晨晨．风险投资对创业板上市公司 IPO 前后绩效变动的影响[J].财经科学，2014（05）：44－54.

[69] 隋薇薇．以国有资本为投资主体的风险投资评估体系[J].上海经济研究，2008（03）：47－51.

[70] 孙诚．风险投资运作中的重点问题思考[J].投资与合作，2023（04）：32－34.

[71] 孙建华．风险投资、IPO 后公司业绩与市场表现——来自中国创业板上市公司的经验证据[J].山西财经大学学报，2015，37（09）：90－100.

[72] 孙竹，张巨峰，薛淑莲等．苏州政府引导基金实践及对国企科创资本运营的启示[J].国际经济合作，2020（02）：95－104.

[73] 谈毅，陆海天，高大胜．风险投资参与对中小企业板上市公司的影响[J].证券市场导报，2009（05）：26－33.

[74] 谈毅，杨晔．创业投资对企业长期绩效的影响——基于我国中小企业板的实证研究[J].上海经济研究，2011（05）：72－82，96.

[75] 唐运舒，谈毅．风险投资，IPO 时机与经营绩效——来自香港创业板的经验证据[J].系统工程理论与实践，2008（07）：2－12.

[76] 汪涛．地方政府引导基金发展策略研究[D].云南财经大学，2024.

[77] 王道华．企业绩效的影响因素研究——一个控制论的视角[J].理论探讨，2007（03）：81－83.

[78] 王会娟，张然．私募股权投资与被投资企业高管薪酬契约——基于公司治理视角的研究[J].管理世界，2012（09）：156－167.

[79] 王曙光，王哲．社会价值假说视角下国有背景风险投资实证研究：投资绩效与市场规模效应[J].金融科学，2018（01）：1－17.

[80] 王文，蔡彤娟．建设金融强国：概念、定位与政策落点[J].金融经济学研究，2024，39（01）：3－13.

[81] 王信．创业基金的关系型投资及其在公司治理结构中的作用[J].经济社会体制比较，1999（02）：63－68.

[82] 温军，冯根福．风险投资与企业创新："增值"与"攫取"的权衡视角[J].经济研究，2018，53（02）：185－199.

[83] 吴超鹏，吴世农，程静雅等．风险投资对上市公司投融资行为影响的实证研究[J].经济研究，2012，47（01）：105－119＋160.

[84] 吴超鹏，严泽浩．政府基金引导与企业核心技术突破：机制与效应[J].经济研究，2023，58（06）：137－154.

[85] 吴育辉，吴翠凤，吴世农．风险资本介入会提高企业的经营绩效吗？——基于中国创业板上市公司的证据[J].管理科学学报，2016，19（07）：85－101.

[86] 项后军，张翔，王利沙．政府引导基金对企业风险承担的影响研究[J].财经论丛，2024，（03）：16－25.

[87] 谢海芳，刘莎莉．风险资本撤离对上市公司业绩的影响[J].西部经济管理论坛，2019，30（05）：53－65.

[88] 邢治斌，仲伟周．机构持股、分析师跟进与股票波动关系研究——基于联立方程组模型的实证分析[J].湖南师范大学社会科学学报，2014（02）：120－127.

[89] 熊晓丽．风险投资对高新技术企业创新能力及生产效率的影响[J].河北北方学院学报（社会科学版），2021，37（01）：80－85，102.

[90] 熊振东．科创板促进风险投资市场繁荣问题研究[J].中国中小企业，2019（07）：155－156.

[91] 徐虹，林钟高，彭圆圆．内部控制、风险投资与上市公司IPO业绩变脸[J].江西财经大学学报，2017（04）：32－44.

[92] 徐虹，林钟高，朱雅萍．风险投资异质性、公司治理机制与企

业 IPO 前盈余管理[J]. 财经论丛，2017（12）：69－78.

[93] 徐虹，章欣然. 风险投资影响企业创新吗？——基于风险投资介入与退出双重视角的检验[J]. 安徽师范大学学报（人文社会科学版），2022，50（02）：114－130.

[94] 徐欣，夏芸. 风险投资特征、风险投资 IPO 退出与企业绩效：基于中国创业板上市公司的实证研究[J]. 经济管理，2015（05）：97－107.

[95] 许君如. 地方国有资本支持高新技术产业创新发展研究[J]. 经济体制改革，2018（03）：111－116.

[96] 许世林. 政府创业投资引导基金运作模式国际比较研究[J]. 财会通讯，2023（15）：154－158.

[97] 薛超凯，任宗强，党兴华. CVC 与 IVC 谁更能促进初创企业创新？[J]. 管理工程学报，2019（04）：38－48.

[98] 燕志雄，张敬卫，费方域. 代理问题、风险基金性质与中小高科技企业融资[J]. 经济研究，2016，51（09）：132－146.

[99] 杨敏利，王晗，董建卫. 政府引导基金能引导社会资金进入创投市场吗？[J]. 中国科技论坛，2015（11）：107－111.

[100] 杨敏利，李昕芳，仵永恒. 政府创业投资引导基金的引导效应研究[J]. 科研管理，2014，35（11）：8－16.

[101] 杨其静，程商政，朱玉. VC 真在努力甄选和培育优质创业型企业吗？——基于深圳创业板上市公司的研究[J]. 金融研究，2015（04）：192－206.

[102] 杨胜刚，张一帆. 风险投资对企业创新的影响——基于中小板和创业板的研究[J]. 经济经纬，2017（02）.

[103] 杨世伟. 习近平关于金融重要论述的核心要义探析[J]. 经济学家，2020（09）：5－13.

[104] 杨皖玉. 中金启元安垣：政府引导基金市场化机制建设方兴未艾［N］. 中国证券报，2024，01－15（J04）.

[105] 叶瑶，田利辉. 风险投资、公司治理与我国上市企业长期回报[J]. 投资研究，2018，37（01）：20－36.

[106] 余琰，罗炜，李怡宗等．国有风险投资的投资行为和投资成效[J].经济研究，2014，49（02）：32-46.

[107] 袁蓉丽，文雯，汪利．风险投资和IPO公司董事会治理——基于倾向评分匹配法的分析[J].中国软科学，2014（05）：118-128.

[108] 张本照，张玺．机构羊群性投资行为会引起股价崩盘吗[J].经济管理，2017（06）：29-37.

[109] 张广婷，王悦，李佳娇．风险资本的声誉机制、增值服务和IPO退出回报[J].复旦学报（社会科学版），2019，61（06）：151-164.

[110] 张凯歌，顾露露．风险投资促进企业创新的机制研究——基于中国信息技术行业的实证分析[J].武汉金融，2020（08）.

[111] 张科举．风险投资持股对公司IPO前后业绩表现的影响[J].现代管理科学，2016（07）：112-114.

[112] 张兴威．风险投资退出对企业绩效的影响研究——基于我国创业板上市公司数据[J].中国市场，2018（28）：36-38.

[113] 张学勇，廖理．风险投资背景与公司IPO：市场表现与内在机理[J].经济研究，2011，46（06）：118-132.

[114] 张学勇，张叶青．风险投资、创新能力与公司IPO的市场表现[J].经济研究，2016，51（10）：112-125.

[115] 赵成国，陈莹．政府创业投资引导基金运作管理模式研究[J].上海金融，2008（04）：35-39.

[116] 赵静梅，傅立立，申宇．风险投资与企业生产效率：助力还是阻力？[J].金融研究，2015（11）：159-174.

[117] 赵玮，温军．风险投资、高管薪酬及董事会特征——公司治理视角[J].现代财经（天津财经大学学报），2015，35（04）：34-45.

[118] 赵锡军，沈靖人．深化资本市场改革驱动创新发展[J].中国金融，2023（21）：27-29.

[119] 赵晓辉．我国风险投资退出方式选择研究：以启迪创投退出壹人壹本公司为例[D].广州：暨南大学，2016：21-31.

[120] 郑联盛，朱鹤，钟震．国外政府产业引导基金：特征、模式与

启示[J].地方财政研究，2017（03）：30－36.

[121] 周靖，高昂，赵艳瑜.国有背景风险投资对企业创新影响研究[J].财会通讯，2024（04）：67－71.

[122] 周莉，许佳慧.创业投资对企业技术创新能力的影响[J].山西财经大学学报，2020，v.42；No.338（12）.

[123] 朱琪，关希如.高管团队薪酬激励影响创新投入的实证分析[J].科研管理，2019，v.40；No.286（08）.

[124] 卓越，陈德棉，刘延生.美国风险投资业发展的历史过程和现状分析[J].科研管理（05），2000：25－30.

[125] 邹双，成力为.风险投资进入对企业创新绩效的影响——基于创业板制造业企业的PSM检验[J].科学学与科学技术管理，2017，38（02）：68－76.

[126] 邹璇，张梦雨.风险投资，融资约束与新能源企业创新——基于异质性双边随机前沿模型[J].工业技术经济，2020，039（001）.

[127] Aghion P，Reenen J V，Zingales L. Innovation and Institutional Ownership，American Economic Review，2013，103（1）：277－304.

[128] Akcrlof G A. The market for lemons：Quality uncertainty and the market mechanism [J]. Quarterly Journal of Economics，1970，84：488－500.

[129] Baker M，Gompers P A. The determinants of board structure at the initial public offering [J]. The Journal of Law and Economics3，2003，46（2）：569－598.

[130] Barney J B. Resource－based theories of competitive advantage：A ten－year retrospective on the resource－based view [J]. Journal of management，2001，27（6）：643－650.

[131] Barry C B，Muscarella C J，Peavy Iii J W，et al. The role of venture capital in the creation of public companies：Evidence from the going－public process [J]. Journal of Financial Economics，1990，27（2）：447－471.

[132] Bottazzi，Laura，M. D. Rin，T. Hellmann. "Who are the Active Investors? Evidence from Venture Capital"，Journal of Financial Economics，

2008, 89 (3): 488 - 512.

[133] Brander J A, Amit R, Antweiler W. Venture capital syndication: Improved venture selection vs. the value added hypothesis [J]. Journal of Economics & Management Strategy, 2002, 11 (3): 423 - 452.

[134] Busenitz L W, Fiet J O, Moesel D Dg. Reconsidering the venture capitalists' "value added" proposition: An interorganizational learning perspective [J]. Journal of Business Venturin, 2004, 19 (6): 787 - 807.

[135] Carter R B, Dark F H, Singh A K. Underwriter reputation, initial returns, and the long run performance of IPO stocks [J]. The journal of finance, 1998, 53 (1): 285 - 311.

[136] Chemmanur T J, Krishnan K, Nandy D K. How does venture capital financing improve efficiency in private firms? A look beneath the surface [J]. The Review of Financial Studies, 2011, 24 (12): 4037 - 4090.

[137] Cumming D J, MacIntosh J G. Crowding out private equity: Canadian evidence [J]. Journal of Business venturing, 2006, 21 (5): 569 - 609.

[138] Cumming D, Johan S. Pre-seed government venture capital funds [J]. Journal of international entrepreneurship, 2009, 7: 26 - 56.

[139] Di Guo, Kun Jiang, Xiaoting Mai. Venture Capital Investment and the Post-IPO Performance of EntrepreneurialFirms: Evidence from the People's Republic of China [J]. Asian Development Review, 2015, 32: 113 - 141.

[140] Dushnitsky G, Lenox M J. When do firms undertake R&D by investing in new ventures? [J]. Strategic Management Journal, 2005, 26 (10): 947 - 965.

[141] Fan J P H, Wong T J, Zhang T. Politically connected CEOs, corporate governance, and Post - IPO performance of China's newly partially privatized firms [J]. Journal of financial economics, 2007, 84 (2): 330 - 357.

[142] Faria A P, Barbosa N. Does venture capital really fosterinnovation? [J]. Economics Letters, 2014, 122 (2): 129 - 131.

[143] Gompers P A. Grandstanding in the venture capital industry [J].

Journal of Financial Economics, 1996, 42 (1): 133 - 156.

[144] Gompers, P, Lerner, J. The venture capital revolution [J]. Journal of Economic Perspectives, 2001, 15 (02): 145 - 168.

[145] Gu Q, Lu X. Unraveling the mechanisms of reputation and alliance formation: A study of venture capital syndication in China [J]. Strategic Management Journal, 2014, 35 (5): 739 - 750.

[146] Harris R S, Jenkinson T, Kaplan S N, et al. Financial intermediation in private equity: How well do funds of funds perform? [J]. Journal of Financial Economics, 2018, 129 (2): 287 - 305.

[147] Hellmann T, Puri M, 200. Venture capital and the professionalization of start up firms: Empirical evidence [J]. The Journal of Finance2, 57 (1): 169 - 197.

[148] Hibara N, Mathew P G. Underpricing and VC Firm Involvement in the Japanese IPO Process [R]. working paper, University of Saskatchewan, 2004.

[149] Hogan C E. Costs and benefits of audit quality in the IPO market: A self - selection analysis [J]. Accounting review, 1997, 67 - 86.

[150] Hsu, D H. What Do Entrepreneurs Pay for Venture Capital Affiliation? . Journal of Finance, 2004, 59 (4): 1805 - 1844.

[151] J. Barney. Firm Resources and Sustained Competitive Advantage [J]. Journal of Management, 1991, 17 (1) .

[152] Jain B A, Kini O. Venture capitalist participation and the post issue operating performance of IPO firms [J]. Managerial and Decision Economics, 1995, 16 (6): 593 - 606.

[153] Kaplan S N, Strömberg P E R. Characteristics, contracts, and actions: Evidence fromventure capitalist analyses [J]. The Journal of Finance, 2004, 59 (5): 2177 - 2210.

[154] Krishnan C N V. Ivanov V I. Masulis R W. et al. Venture capital reputation, post-IPO performance, and corporate governance [J]. Journal of

Financial and Quantitative Analysis, 2011, 46 (5): 1295 - 1333.

[155] LAHR H, MINA A. Venture Capital Investments and the Technological Performance of Portfolio Firms [J]. Research Policy, 2016, 45.

[156] Liao W M, Lu C C, Wang H. Venture capital, corporate governance, and financial stability of IPO firms [J]. Emerging Markets Review, 2014, 18: 19 - 33.

[157] McLaughlin R, Safieddine A, Vasudevan G K. Investment banker reputation and the performance of seasoned equity issuers [J]. Financial Management, 2000, 96 - 110.

[158] Megginson, William L Kathleen A Weiss. Venture Capitalist Certification in Initial Public Offerings [J]. Journal of Finance, 1991, 46 (3): 879 - 903.

[159] Mike, W, Robbie, K. Venture capital and private equity: A review and synthesis [J]. Journal of Business Finance & Accounting, 1998, 25 (5 - 6): 521 - 570.

[160] N Bosma, J Hessels, V Schutjens, et al. Entrepreneurship and Role Models [J]. Journal of Economic Psychology, 2012, 33 (2): 410 - 424.

[161] Nahata R. Venture capital reputation and investment performance [J]. Journal of Financial Economics, 2008, 90 (2): 127 - 151.

[162] Opitz C, Hofmann K H. Adverse Selection and Moral Hazard in Equity Partnerships: Evidence from Hollywood's Slate FinancingAgreements [J]. Journal of Economics & Management Strategy, 2014, 23 (4): 811 - 838.

[163] Penrose E, Penrose E T. The Theory of the Growth of the Firm [M]. Oxford university press, 2009.

[164] Peteraf M A. The cornerstones of competitive advantage: a resource based view [J]. Strategic Management Journal, 1993, 14 (3): 179 - 191.

[165] Puri M, Zarutskie R. On the life cycle dynamics of venture capital and non venture capital financed firms [J]. The Journal of Finance, 2012, 67 (6): 2247 - 2293.

[166] Ramana Nanda, Sampsa Samila, Olav Sorenson. The persistent effect of initial success: Evidence from venture capital [J]. Journal of Financial Economics, 2020 (8): 1016 - 1034.

[167] Rosenbaum P R, Rubin D B. The central role of the propensity score in observational studies for causal effects [J]. Biometrika, 1983, 70 (1): 41 - 55.

[168] Stiglitz J E, Weiss A. Credit rationing in markets with imperfect information[J]. The American Economic Review, 1981, 71 (3): 393 - 410.

[169] Tian X, Wang T Y. Tolerance for failure and corporate innovation [J]. The Review of Financial Studies, 2014, 27 (1): 211 - 255.

[170] Timmons J A, Bygrave W D. Venture capital's role in financing innovation for economic growth [J]. Journal of BusinessVenturing, 1986, 1 (2): 161 - 176.

[171] Tom Vanacker, Andy Heughebaert, Sophie Manigart. Institutional Frameworks, Venture Capital and the Financing of European New Technolog - based Firms. Corporate Governance: An International Review, 2014, (3): 199 - 215.

[172] Wernerfelt B. A resource based view of the firm [J]. Strategic Management Journal, 1984, 5 (2): 171 - 180.

后　记

2023年10月召开的中央金融工作会议强调要“深刻把握金融工作的政治性、人民性”，这是马克思主义金融理论中国化时代化的重大理论观点，为做好新时代的金融工作，坚定走好中国特色金融发展之路提供了根本遵循。在此背景下，作为市场主力之一，国有风险投资的专业水平以及与产业协同发展的模式，对中国发展新质生产力、实现高质量发展产生深远影响。在国有资本的推动下，创投资金进一步向“早期、硬科技、制造业”领域集中，形成了国有风险投资促进实体经济发展的良好格局。

本书对国有风险投资发展的理论和实践进行了阶段性总结，从业界和学术的视角分析了国有风险投资发展的历史、现在和未来。国有风险创投面临着多重目标约束，在此背景下国有头部创投机构如深创投、元禾控股等的股权投资实践和生态打造或值得参考。新形势下发展好国有风险投资，应当进一步巩固好国有风险投资的市场地位，注重发挥其修正效应、激励效应、声誉效应、守护效应和联动效应，从而更好发挥其更大作用。

在本书写作过程中，参阅和借鉴了业界、学术界的数据资料和研究成果，并得到了有关部门、企业和专家、学者的大力支持。曹世祥、刘跃、刘天阳、杨戈、张袁雪湛在资料收集、数据整理等方面提供了大量的帮助，在此表示衷心的感谢。限于作者的水平及著作的时效性，书中难免有疏漏或有待完善之处，恳请专家和读者给予批评和指正！

徐星美

2024年2月